내가 걸은 오솔길

내가 걸은 오솔길

사라지지 않는 풍경을 따라

써내려간 에세이와 시

창희

책 머리에

미국에 이민 와서 생활한 지 어언 14년이라는 세월이 흘렀다. 내 인생의 한가운데를 수놓아 세월이 가며 아름답게 빛바래 갈 가슴 가득 찬 추억을 일필에 담아 보려 했다. 열정을 다해 일하고, 수많은 사람과 정을 나눌 기회를 만난 것은 나의 숙명이자 행운이었다. 사람들을 사랑하고 사랑받았다. 약한 마음을, 약한 몸을 돌봐 드렸지만, 사실은 나를 돌보고 있었던 것이다.

이제 긴 여행을 마치고 귀향을 준비한다. 고국산천에서 진달래, 찔레꽃도 마음껏 보고 그리던 가족, 옛 친구 만나 쌓인 이야기꽃 피울 날 기다린다.

차례

책 머리에   5

1장
미국 이민

아름다운 버지니아 · 12

목마른 자에게 물을 주라 · 15

마트의 시식코너 · 17

2장
뉴요커

뉴욕에 시골이 있었네 · 22

항상성 · 25

커닝햄 파크는 어머니의 품 · 27

뉴욕 최고의 휴식처
센트럴 파크 · 30

뉴욕의 수호신
자유의 여신상 · 32

밤이 더 화려한
타임스 스퀘어 · 33

인생은 짧고 예술은 길다 · 35

한국에만 있는 전세 제도 · 40

팟럭 파티 · 42

살벌한 마녀 태풍 샌디 · 43

그리운 어머니 향기 · 45

아버지는 끝내 나를
꼬마라고 불렀다 · 47

3장
성인 데이케어

성인 데이케어는 어떤 곳인가? · 50

늦깎이 학업 좌충우돌 · 54

장엄한 자연의 신비
그랜드 캐니언 · 58

충전을 마치고 · 60

비극이 희극으로 · 64

이거 생화인가요? · 65

오색실로 수를 놓아 · 68

4장
팬데믹

공포의 코로나19 바이러스 · 72

길가에 민들레 · 74

다시 돌아가는 시계 · 76

5장

사랑이 있는 곳

책임자의 임무 · 80

새로운 질서를 위한 진통 · 81

가곡은 마음의 고향 · 84

베란다 농장 · 86

늦여름 서정 · 90

베어 마운틴 가을 소풍 · 92

아르헨티나, 브라질 여행 · 93

노년의 삶 · 96

좋아서 · 98

부부란? · 99

정식아! · 102

동료 · 104

보이지 않는 곳에서 · 105

중요한 것과 중요해 보이는 것 · 109

이별 · 110

6장

시 모음

겨울에게 · 112

밥태기 나무 · 113

파란 화병 · 115

자연과 문명의 거리 · 116

오해 · 117

노인 · 118

The Old one · 120

수제비 향수 · 122

옹이 · 123

두레박 · 125

찔레꽃 · 126

옷걸이 · 129

달빛 과수원 · 130

코스모스 교정 · 132

피아노 · 134

등나무 · 135

그림자 같은 친구

하나 있네 · 138

이구아수 폭포에게 · 137

이슬 · 138

운명에 대하여 · 139

도야지에게 진주를 주지 마라 · 141

어머니 산소 가는 길 · 143

사랑과 미움 · 146

아카시아의 비밀 · 148

애벌레의 꿈 · 149

집으로 · 151

이별이 아니었음을 · 153

작가 인터뷰　　155

아름다운 버지니아

2011년 2월 21일 아침 9시 50분, 미국 워싱턴 덜레스(Dulles) 공항에 아들과 함께 도착했다. 우리는 13시간의 비행 동안 기내에서 장엄한 일출을 보며, 미지의 세계를 탐험하게 될 앞으로의 생활이 그렇게 밝기를 염원했다.

우리가 머물 곳은 버지니아 숲속 마을 건 파우더(Gun Powder)에 있는 허름한 주택의 방 한 칸이었다. 1에이커(약 1,200평)의 대지 안에는 자연 그대로의 키 큰 나무들과 덤불 속에서 봄을 준비하는 새싹들이 솟아나고 있었다. 앞마당의 넓은 잔디는 잡초들이 무성해 폐가를 방불케 했다. 때는 2001년, 9.11 테러 이후 계속되는 경기 침체로 서브 프라임 모기지 사태가 발생한 시기였다. 전 세계적인 금융위기 시대, 부동산 하락은 물론 곳곳에 은행 채무를 갚지 않아서 소유권을 빼앗기게 된(Foreclose) 집들이 많았다. 우리가 묵게 된 곳도 그중 한 집이었으므로, 집 주인은 망망히 걱정에 싸여 집을 돌볼 겨를이 없었다.

두메산골에서 유년기를 보낸 나에게 이 낡은 집은 어릴 적 살던 시골의 정서를 불러일으키기에 충분했다. 며칠간 휴식하여 노독을 풀고 난 후, 오래된 키 큰 억새풀들을 잘라 내고 잔디밭의 잡초를 뽑으며 앞뜰을 정리하기 시작했다. 한국에서 보던 것과 흡사한 패랭이꽃 무리가 꽃잔디인 양 여기저기 피어 있어 삭막한 뜰을 달래 주었다. 뒤뜰에서 발견한 달래 나물을 한 포기 뽑아 보니 동그랗고 하얀 뿌리들이 올망졸망 탐스럽게 달려 있었다. 깨끗이 다듬어 달래 무침을 했는데, 기대와 달리 향도 없을 뿐 아니

내가 걸은 오솔길

라 달래 특유의 맛도 나지 않았다. 분명 모양은 똑같이 생겼는데 쑥도 마찬가지였다. 토양 탓인가? 기후 탓인가?

아침이면 일찍 일어나 동네를 한 바퀴 산책했다. 미국에서 처음 본 흰색, 보라색의 크로커스가 땅을 뚫고 꽃봉오리부터 솟아나오는 모습이라든가 오래된 덤불들 속에 핀 갖가지 야생화들. 혼자서 누리기엔 그것을 보는 기쁨이 너무 컸다. 청아한 새소리는 이쪽에서 '솔미! 솔미!' 저쪽에서 '솔솔미! 솔미!'로 화답했다. 이 순수한 자연 속 마을은 정말 고향처럼 푸근했다. 흰색, 분홍색의 덕우드와 벚꽃들, 그 아래로 무리 지어 피어나는 튤립과 수선화. 꽃에 취한다는 말은 이를 두고 한 말이리라. 인적이 드문 동네 길에서 만나는 외국인이 나에게 손을 흔들며 "Hi, Good morning!" 하고 인사를 했다. 스쳐 지나가는 타인이라 할지라도 서로 인사를 나누는 것은 "나는 당신을 존중합니다." 하는 마음의 표현으로 다가왔다. 지금은 내게도 자연스레 익숙해진 인사 습관이다.

주인집에서 호박씨 몇 개를 내어주어, 방 안에서 싹을 틔웠다. 떡잎이 나고 잎이 네 장 나왔을 때, 썩은 나무 둥치에서 양분이 많은 흙을 넉넉히 퍼 와 양지바른 곳에 구덩이를 파고 심었다. 그런 뒤에는 그 위에 나뭇가지를 휘어 '열 십 자(十)'로 만들고 비닐을 씌워 작은 동그라미 하우스들을 만들어 주었다. 넓은 대자연 속에서 새로운 시작은 마치 신바람 나는 축제가 벌어지는 놀이터에 온 듯 즐거웠다. 잊을 수 없는 버지니아!

목마른 자에게 물을 주라

나는 워싱턴 DC의 어느 고층 건물 안에 서 있었다. 창밖으로 백악관이 내려다보이는…. 여기가 미국에서의 내 첫 직장이었다. 영주권 취득을 위해서 3D 업종이라는 환경미화원(Cleaner)으로 일정 기간 일을 해야 한다는 조건을 기꺼이 수락한 것은 두 아들의 미래를 위해서이기도 했지만 어떤 일이든 체험해 보고 싶은 내 모험심의 발로이기도 했다. 첫 출근, 매니저의 지시에 따라 몇몇 한국 아저씨들과 히스패닉 젊은이들과 함께 신축 건물 내부를 청소했다. 유리를 닦고, 구석구석 먼지를 털어내고, 전동 청소기 소음들 속으로 사라지는 바닥의 얼룩들을 보았다. 저녁이 되어서야 모든 일이 끝났다. 누군가를 위한 보이지 않는 곳에서의 노동이다. 작업이 끝난 후 보이는 청결함이 하루의 피로를 잊게 했다.

다음의 일터는 어느 큰 회사 사무실이었다. 안에는 직원들이 각자의 컴퓨터 앞에서 분주히 업무를 보고 있었고, 사무실 한쪽엔 커피 머신, 사과, 바나나, 초콜릿, 비스킷 등 간식들이 늘 넉넉히 쌓여 있었다. 나의 업무는 화장실 청소와 화장지를 갈아 끼우고 직원들이 퇴근하면 화장실에 걸레질을 하고 "CAUTION WET FLOOR"라고 적힌 노란 표지판을 세워 놓는 것이었다. 만일 이 표지판을 세워 놓지 않았을 때 누군가가 넘어져 다치게 되면 소송(SUIT)을 당하기 때문에 이것은 아주 중요한 일이라고 매니저가 설명해 주었다.

큰 화분에 심어진 소철, 행운목, 벤저민, 고무나무 등의 화초들이 곳곳에 있었는데, 한결같이 수분이 공급되지 않아 누렇게 잎이 지고 말라 가고 있었다. 아파트 베란다에 늘 오밀조밀 화초를 가꾸던 내게 이는 너무나 안타까운 광경이었다. 일단 시든 잎들을 제거하고 물을 줄 양으로 화분을 화장실로 옮겼는데 문제가 생겼다. 물이 흘러내리도록 흠씬 주어야 하건만 미국의 화장실 바닥엔 하수 시설이 없었다. 그건 각 가정에도 마찬가지였는데, 욕실을 물로 깨끗이 청소할 수 없어 약품을 뿌리고 종이로 닦아야 해서 늘 찜찜했다. 하는 수 없이 다음 날 헌 신문지를 한 꾸러미 구해 가서 화분가를 두르고 물을 흠뻑 주었다. 다음 날도, 또 다음 날도…. 하나씩 화분은 다듬어져 갔다. 직원 몇 명이 "Thank you!"를 연발하며 미안한 표정을 지었다. 잘 돌보아 달라고 "Please!"를 써서 애교 있게 부탁했다. 그 사무실 일이 끝날 무렵 조금씩 새 순이 돋고 있었다.

내가 걸은 오솔길

마트의 시식코너

MP3를 귀에 꽂고 음악을 들으며 봄에 피어나는 꽃을 보는 나들이에 취해 있을 때, 같은 이주공사에서 우리보다 먼저 이민 온 4가족으로부터 연락이 왔다. 함께 모여 식사하며 한국 특유의 언니, 동생 서열이 정해지고, 공통 화제를 나누다 보니 하루가 모자라게 이야기보따리가 끝이 없었다. 미국에서 가죽옷을 입으면 동물 애호가들이 그 사람에게 케첩을 뿌린다고 하여 모두 두고 왔다는 친구, 한국 쌀이 없다고 해서 경기미를 한 포 가져왔다는 친구(미국 동부에는 곳곳에 한국 마트가 있어 한국 물건을 무엇이든 살 수 있다.), 운전 중 사슴을 치게 되어 경찰에 신고해 말해야 되는데 영어가 생각나지 않아 "루돌프 사슴 다이(die)!"라고 했더니 신기하게도 경찰이 알아듣고 달려왔다는 이야기며…. 어둠이 짙게 내리도록 아쉬운 이야기를 뒤로하고 우리는 각자 집으로 돌아왔다.

 "언니, 데모해 볼 생각 없어?" 다음 날, 이민 동기 중 한 아우로부터 전화가 왔다. 여기는 미국 땅, 그 생뚱맞은 단어에 우리가 무슨 이슈가 있어 데모를 하느냐 묻는 내게, 깔깔 웃으며 그냥 데리러 갈 테니 와 보면 안다는 것이었다. 따라간 곳은 초대형 한국 식품 매장이었다. 각 식품별로 시식코너가 있고 음식을 간단히 조리하여 손님들에게 맛보기를 제공하는, 영어로는 'Demonstration'이라고 하는 직업이었다. 하루 일하면 100달러(한국 돈으로 13만 원가량)를 받는다고 했다. 앞치마와 머리 수건을 착용하고, 각국의 사람들이 고객인 한국 매장에서 제품이나 맛에 관한 설명, 간

단한 대화도 하며 판매를 돕는 일이었다.

첫날, 호떡을 굽는 임무가 내게 배정되었다. 적당한 농도로 가루를 반죽하여 발효시킨 후 떼어내어 설탕을 넣고 오므려 프라이팬에 구워야 하는데, 도무지 어느 것도 제대로 되지 않았다. 그 순간은 호떡 굽는 일이 세상에서 가장 어려운 일처럼 느껴졌다. 이때 일본에서 유학하고 가족이 있는 이곳으로 왔다는 동생뻘 되는 동료가 하나하나 잘 가르쳐 주었다. 처음 낯선 환경에 적응할 때 다가와 도움을 준 사람의 고마움은 잊히지 않는다. 호떡의 인연은 오늘까지, 멀리 있어도 소식을 주고받는 사이로 이어지고 있다.

한국인이 좋아하는 김말이 튀김은 외국인들에게도 인기가 있었다. 매운맛과 순한맛 두 종류를 프라이팬에 구워 시식 안내를 하는데, 의외로 외국인 가운데도 매운맛을 선호하는 사람이 많았다. 눈으로 보아서는 잘 구분이 되지 않았고 일일이 묻고 답하는 일이 번거롭기도 했다. 아쉬운 대로 나무젓가락 위에 깃발을 만들어 붙인 후 솜씨를 내어 예쁜 꽃 그림을 그리고, 한쪽엔 'Spicy', 다른 한쪽엔 'Non Spicy'라고 안내 글을 세워 놓았다. 고객들의 시선은 꽃 그림이 있는 깃대에 갔고, 양쪽 것을 맛을 본 후 쉽게 제품을 선택해 갔다. 일은 점차 재미있어졌다.

그해에 미국에서는 새로운 에너지 음료가 시판되기 시작했다. 한국의 대중적인 건강음료와 비슷한 맛인 데다가 마침 여름철이어서 빠른 속도로 인기가 높아지고 있었다. 한 박스에는 총 24개가 들었고, 나머지는 낱개로 얼음물에 담가 놓고 판매했다. 소비자들의 성향을 보니 한 박스가 아니라면, 1개를 사는 사람보다는 2개를 사는 사람이 많았고, 혹은 3~4개를 사는 사람들이 많았다.

내가 걸은 오솔길

나는 비닐에 음료 4개씩 묶음을 만들어 잔뜩 쌓아 놓았다. 망설이지 않고 쉽게 그 패키지를 가져가는 사람이 많아 매상은 급증했다. 최근 편의점에 갔다가 그 제품이 아예 4개 1박스로 포장되어 시판되고 있는 것을 보고 그 시절이 생각났다.

가을이 깊었을 무렵이었다. 고국을 그립게 하는 단풍잎들이 오색영롱한 빛으로 길가를 덮고 있었다. 나는 마트 내 작은 플루트 연주회를 계획했다. 우선 한국인이 좋아하는 70, 80 노래 중에서 인기곡들('잊혀진 계절', '가을을 남기고 간 사람', '초우', '긴 머리 소녀', '가고파', '우리들의 이야기'… 외국곡으로는 'Yesterday'와 'My way', 중국곡으로 '첨밀밀'과 '월량대표아적심')을 포스터에 게시하고, 흰 테이블보 위에 길에서 골라 온 색색의 낙엽들을 깔아 놓았다. 신청곡을 하나씩 받아 플루트 연주로 마트를 울려 퍼지게 했던 그 가을도 추억 속에 선명하다.

1년의 버지니아 생활을 마치고 우리는 뉴욕으로 이사를 결정했다. 중국 식품 중에 그들이 즐겨 먹는 소시지가 있었다. 맛은 괜찮았지만 한국인이나 외국인들에게는 거슬리는 향이 있어 잘 팔리지 않았다. 마지막으로 이 중국 소시지의 시식과 판매가 나의 업무로 배정되었다. 나는 소시지에 나뭇잎 모양으로 칼집을 내어 프라이팬에 볶고, 빨강, 노랑, 주황, 초록 파프리카를 작게 썰어 소시지와 함께 꼬치에 꽂아 시식을 권했다. 특유의 향도 없애고 색색의 시각과 식감이 어우러져 인기 식품이 되었고, 그날 재고량이 매진되면서 나의 버지니아에서의 데모 생활은 끝이 났다.

2장

뉴요커

뉴욕에 시골이 있었네

뉴욕에 사는 사람을 뉴요커라고 했던가? 그것은 100년 넘은 고층 빌딩숲이 울창한 맨해튼의 부유층을 일컫는 말이다. 내가 사는 뉴욕은 한국의 고향보다 더 자연에 가까운 동네이다. 우리는 저렴하고 생활환경이 좋다는 동네 프레시 메도우스(Fresh Meadows)에 듀플렉스 형태의 작은 텃밭이 딸린 2층짜리 방을 얻었다. 눈물 바람으로 정든 벗들과 이별하고 버지니아에서 데리고 온 튤립, 크로커스, 수선화, 패랭이꽃 등을 앞뜰에 심었다. 뒷마당에는 먼저 살던 한국인이 심어놓고 간 마늘잎들이 겨울을 이기고 뾰족이 자라고 있었고, 뒤뜰에는 커다란 도토리나무, 앞뜰에는 아카시아 고목이 자리 잡고 있었다. 미국과 한국 건축 방식의 다른 점은, 한국은 집을 짓고 나서 조경을 하지만, 미국은 자연 그대로의 품속에 집을 지어 함께 어우러지게 하는 자연 친화적인 구조라고 하는데 과연 그러했다.

가을철이면 조용한 밤에도 창밖 에어컨 실외기에 '통! 통!' 도토리 떨어지는 소리는 드럼처럼 정겨웠다. 귀여운 줄무늬의 한국 다람쥐와는 전혀 다르게 생긴 재색의 커다란 다람쥐들이 온종일 도토리나무 사이로 오르락내리락 분주한데, 애가 타는 일은 일껏 심어 놓은 식물들의 싹을 부러뜨리고 훼손한다는 점이다. 이유를 알고 보니 가을에 식량비축을 위해 땅속에 숨겨 놓았던 도토리를 찾느라고 여기저기 땅을 파기 때문이라고 한다. 생계를 위한 신성한 노동임을 어찌하랴! 한낮에도 너구리가 가족들을 데리고 다니는 모습을 간혹 볼 수 있는데, 한날 밤에 뒤뜰에서 우리 집 거실

쪽을 보고 있는 너구리를 발견했다. 신기해서 다가가 마주 보니 달아나지도 않고 빤히 쳐다보고 있는 게 아닌가! 돌아서 갈 때도 천천히 여유 있게 걷는 모습을 보고 동화 속에 '너구리 영감'이라는 표현을 떠올렸다. 왜 영감이라는 호칭이 붙었는지를 알 것만 같았다. 뉴욕 인근 마을에 너구리라니?

항상성

주변 사람들은 간혹 나의 지치지 않는 에너지와 건강의 비결을 물어올 때가 있다. 누구도 건강을 확신할 수 있는 사람은 없다. 만일에 내가 남들보다 좀 더 강인한 게 사실이라면 내가 믿는 항상성(homeostasis)을 말할 수 있겠다. 항상성이란 외부의 자극이나 변화로부터 자기 몸의 원상태를 유지하려는 회복 능력을 의미한다. 이것은 물론 특별한 병이나 외상을 제외한 기본적인 건강을 말한다. 노화가 되면서 서서히 그 기능이 약화되겠지만 아직 내 믿음에는 변함이 없다. 단, 나도 내 건강을 위해 해야 할 일이 있다. 하루 7시간 이상 잠자기, 규칙적인 시간에 일어나기, 아침에 화장실에서 장을 말끔히 비우기, 자연과 대화하며 자주 걷기, 안 좋은 일 잊어버리기, 하나 더 있다면 무언가에 열정을 가질 것, 그것이 내가 걸어오고 있는 길이다.

이삿짐을 정리하던 중 허리에 무리가 갔는지 몇 개월간 고생을 했다. 좌골 신경통이라는 증상이었는데 허리로부터 다리에 이르기까지 심한 통증으로 걷기도 힘들고 누워 있어도 고통스럽고, 앉기도 힘든 나날을 참아 내기가 어려웠다. 진통제를 먹으면 좀 나아지긴 하는데 계속 먹으면 얼굴을 비롯해서 몸이 붓는 부작용이 있어 그냥 통증을 견뎌야만 했다. 약을 먹고 치료를 받아 고통을 줄이고 회복 시간을 좀 더 앞당길 수도 있었으리라. 하지만 시간이 조금씩 흘러 차츰 차도가 있었고 몸은 고맙게도 정상적으로 회복되었다. 연어의 회귀본능(回歸本能)이라든가 여우의 수구초심(首丘初心)이라 함도 이처럼 본능에 기인한 말이 아닐까?

살면서 많은 일을 해 왔지만 일이 힘들다고 느껴 본 적은 없다. 단지 사람과의 관계에서 오는 예기치 않은 상처, 풀어낼 수 없는 오해, 불신 등이 몸의 아픔보다 더욱 깊게 고통을 안겨 줄 때가 있다. 마음 역시 시간의 흐름 속에서 항상성을 유지하려고 노력하고 있다고 믿는다.

내가 걸은 오솔길

커닝햄 파크는 어머니의 품

우연히 동네 길을 걷다가 발견한 커닝햄 파크(Cunningham Park), 그 웅대한 크기와 정경은 단번에 내 마음을 사로잡고 말았다. 이 공원은 원형과 길쭉한 모형, 두 곳이 있다. 원형 공원은 내가 살던 목동의 신트리 공원에 비하면 20배가 족히 넘을 크기인데 넓은 잔디 안에 야구 연습장과 테니스장이 있고, 그 공원을 네 바퀴 돌면 4킬로미터의 거리라고 한다. 저녁 무렵 공원의 벤치에 앉아 석양을 보기도 했다. 또한 어두운 밤 산책길에 보는 보름달은 고향의 그리운 사람들을 생각나게 하는 향수의 심벌이었다.

어느 해 여름밤 공원을 산책하다가 뉴욕 필하모니 오케스트라 연주를 관람하게 된 것은 행운이었다. 커닝햄 파크 잔디밭에 펼쳐진 한 밤의 관현악! 그중 Ravel의 'Bolero', Mozart의 'Eine Kleine Nachtmusik'이 찬란하게 꿈인 듯 생시인 듯 공원을 울려 퍼졌을 때의 감동을 잊을 수 없다. 관객들의 환호와 함께 앙코르 곡으로 바이올린, 비올라, 첼로와 관악기들의 빠른 선율로 시작된 소품 Rymsky Korsakov의 'Flight of the Bumblebee', 그때 들었던 이 곡들은 그날의 감동으로 인해 더욱 친숙해졌다. 뉴욕 필하모니는 모든 연주가 끝난 후 황홀한 폭죽의 불꽃놀이도 관객에게 선사하여 꿈같은 추억을 만들어 주었다. 이곳에선 때때로 소규모 뮤지컬이나 밴드 팀이 와서 우리 귀에 익은 Old Pop Song을 연주할 때도 있고, 잔디 위에 큰 스크린을 설치하고 영화를 상영하는 등 주민을 위한 문화 행사를 제공하곤 한다.

또 하나의 긴 코스 커닝햄 파크는 집에서 왕복 2시간 반 정도의 숲속 길인데, 봄에는 흰색, 보라색의 제비꽃, 민들레, 시선을 톡 쏘는 여덟 잎 노란 형광색의 흔하지만 이름을 알 수 없는 야생화 무리, 한국의 찔레꽃처럼 향이 없다는 점이 아쉽기는 하지만, 가시덤불 위로 초록 지붕을 만들어 그 위로 뭉게구름처럼 피어나던 하얀 찔레꽃은 길 따라 쉬지 않고 무성하였다.

한여름 야생 오디를 따 먹으며 손도 입술도 자줏빛으로 물들던 곳, 빨갛게 피어나는 산딸기들을 한 알씩 따서 입에 넣고 새콤달콤한 맛을 음미하며 산책하던 길, 샛길로 조금 들어서면 작은 갈대 연못이 있는데 오리가 새끼를 낳아서 기르다 날씨가 추워지면 어디론가 사라지고 따뜻한 봄이 되면 다시 오곤 하였다. 가을엔 양옆의 키 큰 나무들 사이로 고운 낙엽이 떨어져 쌓이면 원근감이 또렷한 먼 길의 단풍 경치를 가르며 걷던 길, 어느 눈이 많이 쌓이던 날 기어코 눈길을 걸어 들어가 푸짐한 눈으로 눈사람을 만들어 나뭇가지 꺾어 웃는 얼굴 만들고, 내 목도리를 둘러 숲속에 세워 놓고 왔던 일…. 커닝햄 파크는 나의 뉴욕 생활에서 어머니의 품과도 같은 곳이었다.

뉴욕 최고의 휴식처 센트럴 파크

더 몰(The mall)이라고 불리는 센트럴 파크 내의 가로수 길을 나는 많이 좋아했다. 시간이 나는 주말에는 호젓이 이 길을 걷곤 했다. 봄에는 새순이 돋아나는 환희를 느낄 수 있어 좋았고, 여름에는 진초록의 잎들이 시원한 그늘을 드리워 좋았고, 가을에는 그 찬란한 단풍이 물들고 걷는 길을 함께해 주어 좋았고, 겨울에는 검은 나뭇가지의 길고 긴 삭막함이 기다림의 침묵을 함께해 주어서 좋았다. 길가에서 수공예품이나 그림을 파는 상인들, 초상화나 캐리커처를 그려 주는 무명의 화가들, 입구에서 비발디의 4계를 연주하는 초로의 여 바이올린 연주가는 흩날리는 은발 아래로 그 진지한 표정 속에 온 우주를 품은 듯했다.

어느 날 저녁 무렵, 센트럴 파크 입구 콜럼버스 동상 앞에서 댄스 동호회 멤버들로 70~80세 되어 보이는 10여 명의 노인들이 큰 나무 밑에서 옷매무새를 가다듬고 있었다. 여자는 댄스 슈즈와 예쁜 드레스를, 남자들은 약간의 세미 정장 차림으로 모든 준비를 마친 후, 음악에 맞추어 쌍쌍이 댄스를 하기 시작했다. 그 우아하고 날아가듯 돌아가는 춤사위에 나는 정신을 빼앗기고 말았다. 이들은 아마도 젊을 때부터 댄스를 사랑하고 즐겨 온 분들임에 틀림없었다. 이 노인 요정들로부터 뿜어져 나오는 예술의 혼은, 즐기는 사람들에게 나이에 대한 편견을 날려 버리기에 족했다.

더 몰의 길로 곧장 가면 물의 천사 베데스다 분수가 있고, 그 연못에 동전을 던지며 소원을 비는 사람들, 그리고 그 뒤편 호수에는 작은 쪽배를 타며 물놀이를 즐기는 사람들이 많이 있다. 센

내가 걸은 오솔길

트럴 파크는 1853년에 조성되었다고 하는데 그 넓이가 거의 한국 여의도의 면적과 대등하다 한다. 이 공원은 미리 설계를 하여 지어진 인공이 아니라 자연 그 자체를 살려서 조성했다는 점에서 어딜 가도 친근감이 간다.

어느 늦가을, 나는 공원 한가운데 있는 재클린 케네디 오나시스 저수지를 걷고 있었다. 아주 큰 호수이고 조깅 트랙이 있어 조깅을 하는 사람들이 많았다. 발아래 무언가 큰 열매가 있어 주위 보니 분명 도토리인데 보통 우리나라 도토리의 3~4배 정도 되는 아주 크고 잘생긴 도토리였다. 탐스러워 한 개, 두 개, 주워 가방에 넣다 보니 제법 많은 양이 되었다. 원래 미국은 다람쥐의 식량을 빼앗는다고 하여 도토리 줍는 것이 금지되어 있다는 사실을 나중에야 알았다. 나는 가지고 온 도토리의 껍질을 벗기고 믹서에 갈아 녹말을 가라앉힌 후 고운 삼베 보자기에 담아 짜고 또 가라앉히고 하여 그 녹말로 묵을 쑤어 독특한 도토리묵의 맛을 즐기며 행복해했다. 아마도 나 말고 그 호숫가에 떨어진 도토리로 묵을 만들어 먹은 무법자가 또 있을까? 다람쥐야 미안!

뉴욕의 수호신 자유의 여신상

자유의 여신상은 프랑스가 19세기 말에 미국의 독립 100주년을 축하하기 위해 프랑스에서 제작하여 뉴욕으로 보내온 동상이라고 한다. 원래 강철 프레임에 구리를 입혀서 만들었던 이 조각상은 부식이 되어서 녹색으로 변해 있다. 리버티섬을 한 바퀴 돌아오는 페리호 배를 타고 돌면서 점점 크게 다가오는 여신상 앞에서 관광객들은 저마다 기념사진을 찍는 것이 최상의 목표이다. 자유의 여신상(The Statue of Liberty)는 자유, 평화, 인권, 노예제 폐지, 민주주의, 기회와 같은 이상들을 나타낸다. 그곳에서 멀지 않은 곳에 엘리스 아일랜드라는 섬이 있는데 이곳은 1892년부터 1954년까지 미국 이민자들이 입국 심사를 받던 곳이라고 하며, 이민자들의 행렬과 역사적인 이민 사진들이 전시되어 있다.

밤이 더 화려한 타임스 스퀘어

맨해튼의 가장 번화가인 타임스 스퀘어에 가면, 자유의 여신상을 비롯하여 갖가지 탈을 쓰고 사진 촬영을 함께해 주는 사람들이 있다. 그들은 저마다 멋진 포즈를 취해 주고 사진 한 번 찍을 때마다 팁을 받는다. 가장 먼저 눈에 띄었던 간판은 'BUBBA GUMP'라는 새우 레스토랑이었다. 잊을 수 없는 영화 〈FORREST GUMP〉에서 오로지 새우에 대한 열정으로 가득 차 있고, 전사하는 순간에도 새우에 대한 희망을 놓지 않았던 포레스트의 친구 버바, 그의 순수했던 집념을 기억하며 새우버거를 맛보았다. 인생을 살면서 어떤 한 가지 일에 절대적인 애정을 쏟을 수 있다면 그는 행복한 사람이리라.

7번가 브로드웨이에는 많은 뮤지컬 극장이 있는데, 이곳에서 세계적인 성악가들의 라이브 공연을 볼 수 있다. 뉴욕에서 가장 크다는 마제스틱 극장에서 〈오페라의 유령〉을 관람했다. 객석은 경사지게 설계되어 있어 어디서든 무대를 한눈에 볼 수 있었다. 무대 위쪽으로 화려한 샹들리에가 달린 천장이 시선을 사로잡았다. 오케스트라와 함께 펼쳐지는 배우들의 멋진 연기와 무대조명이 황홀감을 안겨 주었다. 무엇보다 소름이 끼치도록 전율을 주었던 장면은 가면을 쓴 팬텀 역할의 남자 성악가가 부르는 감미로우면서도 우렁찬 노래, 'Sing! Sing for me!' 그 구령에 따라 여주인공 크리스틴 역 배우의 소프라노 성악은 높이 더 높이 올라 심연 깊은 곳까지 울림을 주었다. 음악 공부하던 시절 성악과 교수님이 학생들에게 질문한 적이 있었다. "세상에서 가장 훌륭한

악기가 무엇일까?" 모두가 골똘히 생각하고 있던 중에 답을 주셨다. "스스로 조율할 수 있고 갈고 닦을수록 무한한 음색을 가지고 있는 인간의 성대"라고. 그 답에 크게 공감한 뮤지컬 관람이었다.

타임스 스퀘어의 상징이라고 할 수 있는 빨간 계단에 앉으면 앞에 보이는 건물마다 색색의 현란한 광고 전광판들이 점멸하며 거리를 흥분시킨다. 이 전광판들 속에는 유수의 한국 기업들도 있어 한국의 존재를 실감케 했다. 타임스 스퀘어는 한 마디로 쇼핑과 문화의 광장이라고 할 수 있다. 이 거리 안에는 초콜릿 전문점, 찻집, 레스토랑, 쇼핑몰, 극장…. 즐길 수 있는 곳이 많아서 특히 젊은이들에게 활력을 주는 도시의 핵심이라고 할 수 있는 곳이다.

인생은 짧고 예술은 길다

온종일 걸려도 다 못 볼 만큼의 예술품들이 전시되어 있는 세계 최대의 메트로폴리탄 박물관 이외에도 뉴욕에는 'MOMA'라고 하는 현대 미술관, 구겐하임 등 세계의 명화들을 감상할 수 있는 곳이 많다. 자연을 비롯한 삶의 순간들에 혼을 불어넣어 예술로 승화시킨 작품들 하나하나에는 감동이 있다.

고갱, 세잔과 함께 후기 인상파 화가로서 우리에게 널리 알려진 고흐의 〈별이 빛나는 밤〉은 MOMA 미술관에 전시되어 있다. 고흐가 고독과 불행 속에서 요양원에 있을 때 창밖의 풍경을 그린 것이라 한다. 불운과 실패의 연속이었던 고흐의 생애, 생전에는 작품의 진가를 인정받지 못하고 일찍 세상을 떠난 천재 화가의 이 작품은 오늘날까지 세계인의 사랑을 한 몸에 받고 있다. 밤하늘에 부드러이 펼쳐진 달과 별, 그가 좋아하는 사이프러스 나무, 그리고 언덕 아래로 보이는 평온한 마을과 교회의 첨탑은 누구나가 그리워하는 마음속의 고향이 아닐까?

현대 미술의 아버지라고 하는 피카소의 추상화들을 보면 선뜻 작가의 의도를 읽어내기가 어렵다. 하지만 그의 초창기 작품들을 보면 지극히 섬세한 사실주의 그림들도 있다. 더 나아가 대상을 여러 각도에서 보고 하나의 평면에 재구성하여 묘사한 입체주의 작품들이 그림의 특징을 이룬다. 그의 무의식 속의 몽환적인 초현실주의 작품을 대할 때면 마치 깊이 있는 시를 한 편 읽는 것과 같은 진지함을 불러일으킨다.

메트로폴리탄 미술관에는 성화를 비롯해 사실주의, 인상파,

후기 인상파, 추상화, 초현실주의에 이르기까지 다양하고 귀중한 작품들이 많이 전시되어 있다. 내가 가장 좋아하는 르누아르의 작품 중 〈두 자매〉, 〈초원의 소녀들〉, 〈피아노 치는 소녀들〉, 〈뱃놀이하는 사람들〉, 〈여름 풍경〉…. 부드러운 색감과 터치의 포근함이 한없는 마음의 평온을 준다. 그는 류머티즘 관절염으로 온몸에 마비가 오는 고통을 참으며 괴로움이나 슬픔보다는 인생의 아름다움을 표현하려 했다. 왜 그리 고통스러워하면서까지 그림을 그리냐는 친구의 물음에 "고통은 지나가지만 아름다움은 남기 때문이다."라고 답했다고 한다.

일명 '무희의 화가'라고도 불리는 드가는 주로 발레리나의 아름다운 그림들과 조각 작품도 많이 남겼다. 여성의 몸으로 표현할 수 있는 예술의 극치는 발레이지만 당시 발레리나는 상류층에게 즐거움을 주기 위한 하층민이었다고 한다. 드가의 그림들 중에는 우아하게 춤을 추는 모습뿐 아니라 고된 훈련, 발의 고통과 휴식, 가난의 어려움들도 잘 묘사되어 있다. 오늘날의 고귀한 예술로 승화되기까지는 얼마나 많은 발레리나들의 끊임없는 노력과 인내가 있었을까? 많은 이가 존경하는 한국의 세계적인 발레리나 강수진의 맨발 사진을 매스컴에서 본 적이 있다. 뼈가 돌출되고 물집이 잡힌 굳은살투성이의 발을 보며 아름다움 이면의 더 큰 아름다움을 볼 수 있었다.

〈마리아를 경배하며〉, 〈타히티의 여인들〉 등 폴 고갱은 타히티섬에서 순박한 원주민들의 일상을 그림으로 표현했다. 구릿빛 피부에 순박한 여인들의 일상이나 사물들에서 고갱 특유의 강렬한 색상 포인트는 눈을 떼지 못하게 하는 마력이 있다.

밀레의 만종은 어릴 때부터 자주 보아온 명화이지만, 이 그림에는 슬픈 이야기가 숨어 있었다. 굶주림으로 인해 사랑하는 아기를 먼저 하늘나라로 보낸 가난한 농부가 교회당 종소리와 함께 하던 일을 멈추고 아기를 위해 기도하는 모습인 것이다. 현재의 작품 속 바구니 안에 그려져 있는 감자들은 원래 아기의 관이었는데 친구의 조언에 의해 감자로 대체하여 그려 넣었다고 한다. 우리가 알고 있는 감사 기도의 모습 이면에 누구라도 이 그림 앞에서 경건하지 않을 수 없는 이유가 있었다.

클로드 모네의 작품 중에는 수련을 주제로 한 그림들이 많다. 그는 아내의 죽음, 시력으로 인한 투병 중에도 시간과 날씨, 계절에 따라 시시로 변하는 색상과 형태의 수련 그림에 열정을 다했다. 그의 일생도 진흙 속에서 꽃을 피워내는 수련과 닮아 있었다. 인간에게 감동을 주는 예술의 공통점은, 고통 속에서 이루어낸 결정체라는 점이다. 그리고 이 모든 것은 우리가 받은 선물이며 교훈이기도 하다.

아프리카 오세아니아 전시장은 내가 즐겨 찾는 곳이다. 한 그루의 나무를 통째로 사용하여 조각했다는 길고 긴 통나무배는 나무 한 그루를 이용한 작품이라는 것이 믿어지지 않았다. 세계에서 가장 키 큰 나무는 무려 116센티미터에 달한다고 하니, 내가 모르는 세계는 무궁무진하다고 생각했다. 나무로 만든 조각 작품 중에 동물들, 인체의 각 부위를 과장하여 표현한 위트와 여유로움을 볼 땐 절로 웃음이 피어난다. '피규어(Figure)'라고 불리는 아기자기한 다양한 목각 인형 작품들을 보면 나무를 깎아 얼을 불어 넣고 피노키오라는 이름을 붙여 주었던 동화 속의 제페토 할아버지가 생각난다. 어느 날 나와 눈이 마주쳐 친해진 목각인형이 있다. 혀를 내밀고 반달눈으로 한껏 웃고 있는 '스마일링 피규어(Smiling Figure)'라는 멕시코 작가의 이 나무 인형은 사진으로 찍어 생각날 때 꺼내 보고 함께 웃는 나의 마스코트이다.

이집트 전시장에 가면 돌에 새겨진 갖가지 상형 문자들이 제일 먼저 눈에 띈다. 타인에게 자기의 뜻을 표현하려 했던 단순한 모양들, 이들이 글자의 기원이라 생각하니 문자가 없던 시대는 얼마나 답답했을까 상상해 본다. 지금 우리가 사용할 수 있는 글자는 유구한 역사를 통한 조상들의 노력이 아닌가! 문자의 발명은 표현을 위한 본능적 욕구이며 이렇게 글을 쓸 수 있도록 우리에게 훌륭한 문자를 만들어 주신 세종대왕께도 감사한 마음이 들었다. 육중한 돌로 된 뚜껑이 있는 관, 또는 크고 작은 사람 모형의 관에 아름다운 색칠을 하여 정성껏 준비했던 이집트의 장례문화를 통해서 죽음 후에도 삶은 계속된다고 믿는 인생 불멸의 가치관을 엿볼 수 있었다. 빛나는 작품들로 가득 찬 예술 박물관, "인생은 짧고 예술은 길다."라는 진리를 일깨우는 인류 유산의 보고이다.

한국에만 있는 전세 제도

내 집 마련, 한국에서는 생애 첫 번째 목표인 주택 구입이 미국인들에게는 조금 개념이 다르다. 그들은 대체로 월세로 생활하고, 한국처럼 절박하게 내 집을 마련해야 한다고 생각하는 사람이 많지 않다. 소수의 부유층을 제외하고는 집을 소유한다 해도 주로 30년 상환의 은행 융자를 받기 때문에 재산세라든가 시설 관리비 등 추가로 드는 비용이 많아 렌트로 사는 것과 크게 다르지 않다는 게 사람들의 중론이다. 또 한 가지는 저소득층에 대한 사회 보장 제도, 즉 노인 아파트라든가 노후 연금 등 정부의 지원 제도가 잘되어 있다는 점도 그 이유 중 하나인 것 같다.

동네 초등학교에 'ESL class'가 있어 매일 수업을 들으러 갔다. 읽고 쓰는 데 치중했던 한국식 영어는 실생활에서 너무도 취약해서 원어민과의 소통에 어려움이 많았다. 그곳에 모인 학생들은 한국, 중국, 일본, 대만, 파키스탄, 인도, 방글라데시, 브라질, 에콰도르, 터키 등 국적이 다양했는데 영어도 배우고 친목도 하고, 서로가 서투른 영어로 각 나라의 문화나 풍습들을 나누기도 하며 선생님도 열심, 학생들도 열심이었지만 역시 외국어는 어릴 때 감각으로 터득해야지 머리로 하면 힘들다는 사실…. 못 알아듣고, 엉뚱하게 대답하고, 그래도 교실엔 항상 세계 공통어인 웃음꽃이 끊이질 않았다.

수입의 대부분을 집 월세로 소비하는 그래서 서민이 살기에 힘든 나라 미국, 어느 날 수업 중에 세계에서 유일하게 한국에만 있다는 전세 제도에 대한 이야기가 소개된 적이 있었다. 우리는 설명했다. 일정의 큰 금액을 월세 대신 집주인에게 맡기고 이사 나올 때 전액을 다시 받아 나온다고 했더니 모두가 이해를 못 하는 것이다. "왜 집을 사용하고 살았는데 돈을 다시 돌려주나요?" 이 외국인들은 연신 고개를 갸우뚱갸우뚱, 아무리 설명해도 이들에게는 신기하기만 한 한국의 전세제도, 생각해 보니 그것은 엄청난 혜택인 것도 같다.

팟럭 파티

한 학기가 끝날 무렵 각자 자기 나라의 음식을 해 와서 나누는 서양 풍습인 팟럭 파티(potluck party)를 했다. 원산지인 인도의 카레 음식은 향이 더 진하고 우리가 먹는 카레와 달랐다. 긴 쌀로 만든 볶음밥에 세 손가락을 사용해 카레를 묻혀 식사하는 그들의 전통 식사법도 볼 수 있었다. 얼핏 미개하거나 비위생적으로 볼 수 있지만, 음식을 손으로 먹는 이유에 대해, 식사는 깨끗이 씻은 손으로 몸과 마음과 정신까지 채운다는 경건한 뜻이 들어 있다는 설명을 듣고 역시 인도는 요가와 명상의 나라구나 생각했다.

볶거나 튀김 중심의 중국 요리들은 우리에게 낯설지 않았고, 그들이 이렇게 튀김 음식을 많이 먹는데도 비만한 사람이 많지 않은 것은 예부터 차를 많이 마시는 문화 덕택이라고도 한다. 중동 쪽 인도, 파키스탄, 방글라데시인들은 종교적인 이유로 소고기, 돼지고기를 먹지 않을 뿐 아니라 금기시되는 가금류도 다양해서 선뜻 권할 수가 없었다. 파키스탄인들은 닭고기만은 먹는다고 했다. 오색의 동그란 김밥에 관심을 가지고 내용물을 묻기에 햄이 들어 있다고 하니 고개를 내젓는다. 소고기가 들어 있는 잡채도 사양했지만 떡볶이, 해물파전, 닭강정은 인기 만점이었다.

살벌한 마녀 태풍 샌디

내가 처음 뉴욕으로 이사 오던 해인 2012년 10월, 샌디라는 허리케인이 동부를 강타했다. 며칠 전부터 매스컴에서는 연일 일기예보를 통해 허리케인이 다가옴을 알렸고, 물과 식량과 연료 등을 미리 준비하라고 안내했다. 경험해 본 적이 없는지라 주변 사람들이 하라는 대로 몇몇 비상식량과 물품들을 준비하고 큰 통마다 수돗물을 받아 놓았다. 날이 갑자기 어두워지면서 소낙비를 동반한 천둥번개와 세찬 바람 소리가 점점 그 위력을 더하며 나뭇가지가 찢어지고 잔가지들이 꺾여 이리저리 날아가는 모습이 창밖으로 보였다.

뉴스를 통해 침수 지역과 현황, 인명 피해, 재산 피해 등을 접하며 밖에는 한 발짝도 나갈 수 없었다. 예보한 대로 수돗물도 나오지 않아 미리 받아놓은 물을 아껴서 사용했다. 전기마저 끊겨 TV도 볼 수 없었다. 촛불을 켰다. 밖은 칠흑 같은 어둠 속에서 맹수들의 포효처럼 바람 소리가 끊임없고, 피해가 얼마만큼 더 커질 것인지 예측할 수 없는 상황이었다. 거의 3일 정도를 집 밖에 나가지 못한 채 생생한 자연재해의 공포를 체험했다.

허리케인이 소멸되었다는 보도를 접하고 밖에 나가 보았을 때 상상을 초월하는 광경이 펼쳐져 있었다. 부러진 나무 아래 형체를 모르게 파손되어 있는 차, 여기저기 주택의 깨어진 유리창, 지붕 채 날아가 버린 상점, 꺾여 있는 신호등, 처음 보는 그 광경은 꿈인가도 싶었다. 이 아름다운 우주의 질서 속에서 태풍은 많은 상처를 남겼지만 다시 찾아온 평온에 감사함도 함께 주고 갔다. 한 주간은 학교를 비롯해서 직장 업무뿐 아니라 버스나 지하철도 침수되어 운행이 불가능했다. 물에 잠겼던 내 차도 정비소에서 점검을 받아야 했지만 주유소나 정비소에 늘어선 줄은 어느 곳이나 인산인해였다. 나의 휴식처 커닝햄 파크에 갔을 때 입구에 서 있던 키 큰 왕벚나무 두 그루가 뿌리째 뽑혀 있는 것을 보고 그 위력을 가늠할 수 있었다. 안타깝게도 지금은 잔디로 채워져 다시는 볼 수 없는 기억 속의 꽃나무이다.

그리운 어머니 향기

경기도의 시골 작은 마을에서 나는 언니 둘, 오빠 둘, 5남매 중 막내로 태어났다. 힘든 과수원 일로 어머니 아버지는 사철 쉴 새 없이 바쁘셨고 언니 오빠들도 함께 일을 돕느라 늘 분주했지만 세상모르던 철부지 나에겐 일생을 통틀어 가장 아름답고 행복했던 시절이었다. 봄마다 하얗게 배꽃이 피어날 때, 그리고 잎이 지는 가을에도 배꽃 동산의 모든 자연은 내 소꿉놀이 재료가 되어 주었다. 앞뜰에는 어머니가 늘 쌀뜨물을 주어 가꾸던 족두리꽃, 샐비어, 봉숭아, 과꽃, 채송화가 피어 있었고, 사랑채엔 아직 미혼인 하얀 얼굴의 막내 이모가 함께 살고 있었다. 영등포 외갓집에 살던 이모는 폐결핵을 앓고 있었는데 공기 좋은 산골에 요양을 와 있었던 것이다.

초저녁 무렵 앞마당에서 어머니가 화덕에 숯으로 불을 지피고 질그릇으로 된 약탕관에 물을 끓이면, 땅꾼 아저씨가 집으로 와 구두닦이 통처럼 생긴 나무통에서 꼬챙이로 뱀을 한 마리씩 꺼내어 약탕관에 넣는 모습이 마냥 신기하여 무서운 줄 모르고 구경하고 있었다. 한참을 끓인 후 어머니는 그것을 베보자기로 정성스럽게 짜서 이모에게 마시게 했다. 이모는 어린 나를 무척이나 예뻐하며 방에 들어오게 하여 노래도 시키고 맛있는 비스킷이나 사탕을 주었다. 요행을 바랄 수도 없이 어린 내가 결핵에 감염된 것은 어머니에게는 청천벽력이었다. 더구나 그해에 이모는 세상을 떠나셨으니, 어머니의 마음이 어떠했을까?

이후로 땅꾼 아저씨의 고객은 나로 바뀌었고, 두더지, 개구리

등 나는 어머니가 해 주시는 약들을 억지로 먹어야만 했다. 밥을 먹지 않아서 그렇게도 어머니 애를 태웠는데, 내가 아이를 낳아 밥을 먹이면서 그 애타는 심정을 알게 되었다. 어머니는 자주 나를 업고 읍내 병원에 가서 주사를 맞히고 다시 업고 돌아오셨다. 그렇게 늘 약골이던 나는 초등학교 5학년이 되었을 때, 결국 의사의 권유에 따라 휴학을 하게 되었다. 공부 금지령이 내린 상태에서 큰 언니 집인 인천 바닷가에서 편히 쉬고 형부 따라 망둥이 낚시도 하며 1년을 보내고 회복하여 돌아왔다.

어머니의 사랑을 기억하려면 별을 헤아릴 만큼 무수히 많지만 젊은 날에 고생을 많이 하셨던 어머니는 저혈압으로 몸이 불편하신 채 여러 해를 고생하시다가 74세로 생을 마치셨다. 그때 나는 결혼하여 둘째 아이가 6개월 될 무렵이었다. 부모는 자식이 효도하기를 기다려 주지 않는다고 하지만 그 어느 것 하나도 갚아 드리지 못한 채 내 불효의 한을 남기고 어머니는 그렇게 홀연히 가셨다. 이곳에서 많은 어머니들을 모시게 된 것은 우연이 아니고, 다 못한 내 어머니께 효도할 기회를 주신 것이라는 생각이 들 때가 많다.

아버지는 끝내 나를 꼬마라고 불렀다

나의 아버지는 내가 이민 오기 전 해에 94세의 일기로 작고하셨다. 젊은 날에 한학을 하셔서 후학을 양성하기도 하셨던 아버지는 매사에 긍정적이셨고 누구에게나 칭찬하기를 좋아하셨다. 늘 새로운 것을 배우기 좋아하는 내 성향은 아버지의 칭찬의 힘이 아니었나 하는 생각 들 때가 있다. 항상 붓글씨 쓰시기를 좋아하고, 종이가 귀하던 때, 한 달이 지나면 달력 종이를 떼어 하얀 뒷면에 알고 계신 한시나 사자성어를 빼곡히 써 보는 게 취미셨다. 마음도 몸도 건강하셨고, 나만 같으면 세상에 의사가 필요 없다 하시며 실제 병원에 가신 적이 없으셨다. 나는 막내였기 때문에 집에서는 "꼬마"라는 호칭으로 불렸는데 아버지는 내가 커서 결혼을 해도 계속 꼬마라는 호칭을 사용하셨다.

어머니가 안타깝게도 먼저 세상을 떠나시자 아버지는 어머니 시신 입관 도중 산소에 뛰어들어 이쪽은 내 자리니 남겨 놓으라고 하시는 바람에 가족 모두 울음바다가 되어 버렸다. 아버지는 여행을 좋아하셨다. 지리부도라고 하는 지도책에 동그라미를 하면서 세계 각 나라를 여행하시고는 보고 오신 신기한 것들을 많이 말씀해 주셨다. 특히 어머니가 5세부터 19세까지 사셨다는 일본 오사카에는 어머니가 말해 주신 기억을 더듬어 그 바닷가에 두 번 다녀오시기도 했다. 어머니가 건강하셔서 함께 다니셨으면 얼마나 좋았을까! 자식들의 가슴에는 항상 회한으로 남았다.

100수를 하시겠다는 주위의 기대와 달리 아버지의 식사량이 줄고 뵙기에 점차 힘이 없어져 가는 것이 느껴졌다. "이젠 가야겠다." 말씀도 자주 하셨다. 우리도 마음의 준비는 했지만 기력이 쇠잔하여 식사를 못하고 말씀도 힘드시니 안타깝기만 할 뿐이었다. 돌아가시기 며칠 전 아버지는 누운 채로 오른쪽 손가락으로 왼쪽 팔 안쪽에 무언가를 쓰시려고 했다. 나는 얼른 흰 종이와 부드러운 사인펜을 갖다드렸다. 아버지는 종이에 "一生一死"라고 쓰시는 것이 아닌가! 그것도 필압을 넣으려 애쓰시면서. 우리 5남매는 이것을 복사해서 하나씩 나눠 갖고 삶의 유한성과 바르게 살아야 함을 아버지의 유언으로 간직했다.

다음 날 나는 수업 중에 언니로부터 급한 전화를 받았다. 절대로 병원에는 안 가시겠다는 아버지가 오늘 스스로 병원에 데려다 달라고 하여 모시고 왔다는 것이다. 그리고 너를 찾으니 급히 오라는 말, 곧장 병원으로 달려가니 온 가족이 모여 있었다. 도착하자마자 아버지께 "내가 누구예요?" 하니 꼬마라 말하고 싶은데 힘이 없으셔서 "오아."라고 입 모양만 하며 만면에 사랑 가득한 미소를 지으셨다. 아버지의 마지막 모습이다.

3장

성인 데이케어

성인 데이케어는 어떤 곳인가?

뉴욕의 첫 직장으로 나는 한국인 봉사 센터의 반지하 사무실에서 일하게 되었다. 은퇴한 시니어들에게 일자리를 찾아 주는 일이었고 처음 해 보는 서류 관련 일이었지만 복사하는 법부터 차근차근 모르는 단어를 찾아가며 영문 서식들을 익혀 나갔다. 틈틈이 캐비닛에 있는 서류들을 알파벳 순서대로 분류하고 칸칸이 태그를 만들어 찾기 쉽게 정리했다. 길가에는 허리케인의 잔재인 아름드리 통나무들이 여기저기 방치되어 있었다. 작업하는 인부들에게 부탁하여 적당한 크기로 토막 내어 달라고 한 뒤 그것들을 옮겨 와 사무실 구석, 그래도 햇살이 조금 드는 곳에 자리를 만들었다. 그 위에 기르기 쉽고 강인한 나비란, 스킨답서스, 아이비 등 화분들을 올려놓았더니 반지하 사무실이 한결 산뜻해졌다.

2주간의 휴가로 한국을 다녀오던 날이었다. 사무장님이 반갑게 맞이하며 내가 데이케어로 발령이 났다는 것이다. 데이케어가 무엇인지, 어떤 일을 하는지도 모른 채 나는 내 삶에 있어 가장 의미 있고 귀한 소명이라 믿는 길로 부름받게 되었다.

미국은 일명 노인들의 천국이라 할 정도로 복지 제도가 잘되어 있어, 일반인에게는 의료 보험비가 비싸지만 65세 이상이 되면 메디케어로 병원에 무료로 갈 수 있고, 저소득층에게 주는 혜택인 메디케이드를 받으면 병원, 수술은 물론이고 약값이나 식품 보조비에 이르기까지 받는 혜택이 다양하다. 거기에 더해서 메디케어와 메디케이드가 있는 사람 중 앓고 있는 병이 많거나 드시는 약이 많으면 롱 텀 케어에 신청하여 주 정부 간호사의 인터뷰에 통과하고 나면, 집에 간병인이 와서 도와주는 홈 케어(Home aid)와 데이케어 서비스를 받게 되는 것이다.

데이케어에 센터 안에는 20여 분의 어르신들이 앉아 계셨다. 반갑게 한 분 한 분 인사를 나누고, 고향은 어디이며 미국엔 언제 왔느냐, 같은 고향이라 반갑다. 남편은 무슨 일을 하며 자녀는 몇 명이고 등등 한국인 특유의 질문 세례가 끝나고 프로그램에 따라 노래자랑 시간이 되었다. 한 분씩 마이크를 드리면 앞을 다투어 노래를 하셨다. 주로 고향을 생각나게 하는 가요들을 많이 부르셨고 흥이 나면 덩실덩실 춤을 추시기도 했다.

한 분은 중풍으로 인해 몸의 반을 못 쓰시고 언어 소통이 불가능할 뿐 아니라 알츠하이머도 함께 앓고 계셨다. 그런데 신기하게도 마이크를 드리면 '산장의 여인'이라는 노래를 거의 가사 하나 안 틀리고 부르시는 것이 아닌가! 그때 안 일이다. 치매 환자들에게 노래하는 능력은 오래도록 남아 있다는 것을. 음악이 노인들에게 안정감은 물론 치료와 희망을 드리는 데 많이 기여할 수 있을 것으로 생각하니 의욕과 사명감이 생겼다. 이분은 남들이 하는 화투를 무척이나 하고 싶어 했지만 한 손을 못 쓰시니 항상 지켜보고 부러워할 뿐이었다. 나는 어릴 적 보았던 한 가지 방법이 생각났다. 모든 화투를 뒤집어 넓게 펴고 한 손으로 아버님 한 장, 나 한 장, 번갈아 젖히며 짝 맞추기를 했다. 홍단도 청단도, 비약도 풍약도 모두 할 수 있었다. 이후 아버님과 나는 종종 화투 놀이를 했다.

뭐니 뭐니 해도 가장 잊을 수 없는 분은 그해 102세 되셨던 라기수 할아버님이시다. 고향이 이북이고 옛날 숭실전문에서 수학

하셨으며 교직을 역임하셨다고도 한다. 소싯적엔 한국의 유명 탁구선수 코치도 하셨다는 이분은 장난기가 많았다. 대체로 장수하시는 분의 공통점을 보면 분노가 없고 긍정적인 마인드를 갖고 계시다는 특징을 볼 수 있으니 본받아야 할 점이라고 생각한다. 게다가 유머까지 갖추신 이분은 못 말리는 할아버지였다. 일과가 끝나면 모든 회원을 차로 집에까지 모셔 드리게 되어 있다. 대개는 차를 기다리다가 늦게 온다며 불평을 한다든가 지루해하시는데 맨해튼이 댁이신 이분께 "아버님, 차가 이렇게 늦어져서 어떡해요?" 했더니 하시는 말씀, "차도 안 오고, 님도 안 오고…." 그 여유 있는 유머에 우리는 모두 마냥 유쾌했다.

공작 시간에 나는 색종이로 치마저고리, 바지저고리 접는 법을 어머니들께 가르쳐 드렸다. "아버님, 바지저고리 한 벌 해 왔습니다." 하고 드렸더니 "그래? 그럼 어디 한 번 입어 볼까?" 하며 양복저고리를 벗으시는 것이 아닌가! 우리는 또 황망히 말리며 즐겁게 웃었다. 늦여름 뜰에는 봉숭아꽃이 탐스럽게 피어 있었다. 나는 한 아름 따서 백반을 넣고 돌로 찧어 어머님들 손톱에 얹고 나팔 꽃잎을 따서 실로 매어 드렸다. ㄹ 할아버지께서 나도 해 달라고 하셔서 새끼손가락에 물들여 드렸다. 빨갛게 물든 손톱을 들여다보며 좋아하시고 첫눈 오기 전까지 봉숭아 손톱이 남아 있으면 첫사랑이 이루어진다고 하며 손톱이 자라도 깎지 않으셨다.

노래 시간에 노래 한 곡만 하시라 간청해도 그렇게 안 하시더니 한 날은 한마디 하셨다. "옛날에 원래 내 이름은 나가수였는데 늙어서 점이 하나 없어져서 나기수로 되었으니 인제 못 혀." 하더니 순간 마이크를 잡고 "푸른 잔디 사이로 봄바람은 불고 … 어여

쁘다 그 처어녀." 청산유수로 빠르게 '나물 캐는 처녀' 노래를 끝
마치는 것이 아닌가! 모두 눈이 휘둥그레지고 또 웃고, 이후 우리
는 라기수 할아버지를 "어여쁘다 그 처어녀."라고 리듬을 타서 불
렀다.

　이렇게 3개월여의 시간이 지난 어느 날, 내가 일하는 데이케
어의 매니저가 직장을 옮기게 되었다는 소식과 함께 후임자를 찾
던 중 나에게 매니저를 대신하라고 했다. 이 말도 안 되는 명령을
받아들일 수는 없었다. 평생 피아노 가르치는 일만 해 온 나에게
컴퓨터도, 영어도, 데이케어 경험도 어느 것도 준비되어 있지 않
았다. 미국에 온 지도 겨우 2년 남짓, 나는 무조건 고사했다. 회장
님도 동료들도 배우면서 일하면 된다고 했지만, 그럴 수는 없는
노릇이었다. 나도 이 일이 보람 있는 일이라 생각하고 적성에도
맞았지만 너무나 자신이 없었다. 깊이 생각한 끝에 최소한의 공
부를 하고 돌아오겠다고 말씀드리고 2년제 대학에 등록하여 오
로지 공부에만 전념하기로 했다.

늦깎이 학업 좌충우돌

남편은 내게 물었다. 당신은 이 시점에서 가장 하고 싶은 것이 무엇이냐고. 나는 선뜻 먹고, 자고 공부만 실컷 해 보았으면 좋겠다고 했다. 그럼 그 원을 꼭 이루어 보라며 한국으로부터 넉넉하지 않은 형편이지만 내가 공부하고 생활할 수 있도록 꼬박꼬박 그 비용을 보내 주었다. 전공은 컴퓨터와 문서, 경영에 필요한 오피스 테크놀로지(Office Technology), 부전공은 데이케어 일에 도움이 될 메디컬(Medical)로 했다. 한 학기 ESL 과정으로 필리핀 교수님이 가르쳐 주는 기초 영문법을 꼼꼼히 배우며 필수 과목을 마쳤다.

본 학기에 들어 컴퓨터 과목 첫째 시간이었다. 교수님의 첫 수업을 도무지 무슨 말인지 알아들을 수 없던 나는 절망감에 빠지고 말았다. 컴퓨터라고 해야 워드 타이핑 정도 할 수 있었을 뿐, 각 부분의 명칭, 기본 용어들조차 모르던 내가 무엇부터 어떻게 배워야 한단 말인가! 고민하던 끝에 한국 서점으로 가서 한국어로 된 컴퓨터 기초 교본을 한 권 사서 혼자서 할 수 있는 데까지 독학을 했다. 그런 후 학교 조교님에게 튜터링을 청하고 컴퓨터 랩(Computer Lab)으로 갔다. 1시간 동안 기초 강의를 듣고 열심히 복습하며 익히고 난 후 다른 사람의 튜터링, 또 다음 사람의 시간도 양해를 구하고 옆에서 함께 들었다. 다음 날부터 나는 수업이 끝나면 무조건 컴퓨터 랩이 문을 닫을 시간까지 머무르며 이리저리 묻고 무지한 나의 컴퓨터 능력을 조금씩 채워 갔다. 몇 번의 시험을 무사히 치르고 강의도 차츰 이해하게 되었다. 워드를 이용하여 각 과목의 리포트를 쓰며, 문서를 작성하고, 엑셀로 통계를 내고, 파워포인트를 띄워 프레젠테이션하는 지금의 나. 그 노력의 시절이 아니었더라면 어찌 가능했겠는가!

50대 후반의 늦은 나이에 미국에서 영어로 대학 공부를 한다는 것은 고행이지만 행복했다. 새 학기마다 6~7권의 교재가 새로 나오면 밤늦도록 스탠드 불빛 아래서 단어를 찾는 일이 우선이었다. 수업 시간 강의를 녹음해 반복해서 듣고, 휴일도 없이 2년 6개월가량을 소원대로 오로지 공부에만 매여 살았다.

문학, 철학, 심리학 등 교양 과목들은 한국에서 젊은 날에 들었던 강의였지만 영어로 다시 들으니 새록새록 상기되는 것들이 많았다. 관심 많았던 심리학 시간, 매슬로우(Maslow)의 5대 욕구, 파블로프(Pavlove)의 조건반사라든가 프로이트(Freud)의 정신분석 이론 등을 공부하며 인간의 본질에 대해서 다시 한번 인식할 수 있는 계기가 되었다. 경영학 시간에 장시간 토론해도 끝이 나지 않았던 감시 카메라(surveillance camera) 설치 문제도 기억에 남는다. 수없이 늘어나는 감시 카메라의 홍수, 범죄 예방을 위해서는 필요하지만 개인의 프라이버시를 침해한다는 양론으로 토론의 열기가 식을 줄 몰랐던 진지한 시간, 끝내 결론은 나지 않았다. 때론 두려운 생각이 든다. 문명의 발전에 의해서 인간은 과연 안전하며 행복해지고 있는 걸까?

메디컬(Medical) 과목 중 인체 해부학(human anatomy)을 통해 보이지 않는 내 몸 안의 장기, 호흡과 순환 등 한 생명을 이루고 있는 기관들에 대해서 배운다는 것이 너무 흥미롭고 경이로웠다. 병리학을 공부하기 위하여 그리스어와 라틴어가 합성된 수많은 의학 용어(terminology)를 암기해야 하는데, 나는 한 가지 방법을 생각해 냈다. 일단 암기해야 할 모든 단어 카드를 만들어 놓은 후 한 묶음씩 주머니에 넣고, 아침 일찍 내가 좋아하는 커닝햄 파크의 상쾌한 공기를 마시며 한 장씩 외우면서 걸었다. 어느새 내가 목적한 단어가 다 외워지면 집으로 돌아오는 것이다. 다음 날도 한 묶음, 그다음 날도···. 그렇게 아침 산책도 하며 어려운 용어들을 즐겁게 외우던 공원길.

영어 공부에서 내게 가장 아쉬운 점은 주변에 누구와도 영어로 대화할 사람이 없다는 것이었다. 생각하다가 나는 제이콥(Jacob)이라는 영문학 교수님에게 튜터링을 청했다. 시험 공부는 제 스스로 할 테니 1시간 동안 교과목 지도가 아닌 프리 토킹을 해 주실 수 없겠냐고 청을 드렸더니 흔쾌히 응해 주셨다. 어린 시절 이야기, 미국과 많은 차이가 있는 한국의 전통에 관한 이야기 등을 나누었다. 미국에 와서 나는 아이린(Irene)이라는 이름을 갖게 되었다. 교수님은 미국에 아주 유명한 올드 팝으로 'Goodnight Irene'이라는 노래가 있다며 유튜브로 들려주셨다. 당시 대중들을 열광하게 했던 감미로운 그 노래를 몇 번이고 들으며 익혔다. 그렇게 몇 주가 지나고 또 한 가지 청을 드렸다. 나는 시니어 데이케어에서 일했었고, 공부가 끝나면 다시 돌아갈 것이다. 어느 날 브롱스 보테니컬 가든(Botanical Garden)에 봄꽃을 보러 갔다가 지은 「노인」이라는 시가 있는데, 미국의 시어를 모르니 번역해 주신다면 감사하겠다고 말씀드렸더니 오히려 영광이라며 흔쾌히 응해 주셨다. 함께 단어 하나하나를 설명하며 훌륭한 번역이 완성되었다. 교수님은 그 시에 공감을 많이 해 주셨고 자필로 써서 주

내가 걸은 오솔길

무시는 침실 벽에 붙여 놓으셨다고 했다.

드디어 졸업식, 자주색 가운에 학사모, 성적이 우수한(high grade) 졸업생에게만 주어진다는 노란, 흰색, 파란색 끈(string)을 걸고 감격스러운 식을 마쳤다. 부끄러운 이야기지만 나는 시험 위주의 공부를 하여 졸업 시 교내 우등, 그리고 교외에서 주는 ABK(Alpa, Beta, Kapa)라고 하는 상까지 받게 되었다. 오로지 공부만 해 보고 싶다는 꿈은 이루었지만, 암기하고 흩어 버린 수많은 지식들, 과연 이것을 참지식이라고 할 수 있겠는가! 영어에 익숙했더라면 좀 더 알차게 배울 기회였는데, 한편 성취감도 있었지만 아쉬움이 많이 남는 졸업이었다.

장엄한 자연의 신비 그랜드 캐니언

내가 살고 있는 곳은 미국의 동부 뉴욕, 남편이 교직을 퇴임하고 입국하게 되어 함께 서부로 여행을 떠났다. LA 한인 타운에 도착해서 북창동 순두부를 먹었는데 동부에 비해 음식도 푸짐하고 맛도 한국에서 먹었던 것과 흡사했다. 이민 초창기의 간판들이 마치 50, 60년대의 시간을 매어 두기라도 하듯이 옛 글자, 옛 그림들을 고수하고 있었다. 나는 '사막' 하면 어린 왕자가 살았던 고운 모래벌판만을 연상했는데, 그랜드 캐니언을 향해 달리는 길고 긴 모하비 사막에는 이따금씩 내리는 비를 맞고 자란다는 노란 꽃들과 여호수아가 기도하는 자세를 닮았다 하여 조슈아 트리(Joshua tree)라고 불리는 나무들도 많이 자라고 있었다. 라스베이거스, 말로만 듣던 카지노를 처음 가 보았다. 이곳엔 주로 노인들이 많았는데 그 이유는 지금의 노인 세대는 연금이 많아 쓰고 남기 때문에, 주로 이런 게임을 통해 소비한다고 한다. 빨간 고급 무개차를 타고 다니는 사람은 젊은 층이 아닌 주로 노인들이라는 말을 듣고 노인들의 천국이라는 복지 제도를 실감했다. 밤에는 벨라지오 호텔 앞에서 찬란한 불빛 아래 펼쳐진 분수쇼를 타이타닉 음악과 함께 감상했다.

그랜드 캐니언의 그 웅대함이란 상상을 초월하는 광경으로 다가왔다. 6억 년 전 바다였던 곳이 융기되어 솟아오른 것이라는 이곳은 그야말로 숨이 턱 막힐 정도로 아름답고 오묘했다. 요세미티 공원에 있는 세계에서 가장 큰 화강암 덩어리라는 하프 돔(Half Dom, 모자를 딱 반 잘라 놓은 것 같은)을 보고 구불구불한

산길을 내려오던 중 심한 멀미를 했다. 샌프란시스코와 마린 카운티를 가로지르는 금문교, 뉴욕의 상징이 자유의 여신상이라면, 금문교는 샌프란시스코의 상징이라 했다. 호텔에서 식사를 하고 나오려는데 "창희야!" 하고 누가 소리치며 달려오는 것이 아닌가! 고등학교 때 한 반이었던 동창생이었다. 우리는 수많은 외국인이 보는 데서 얼싸안고 깡충깡충 뛰며 반가워 어쩔 줄을 몰랐다. 이 넓은 지구상의 우연한 한 곳에서 40년 전의 여고 동창생을 만나다니…. 그간의 안부를 묻고 먼 기억 속에 묻혀 있던 친구들 이야기도 나누고 우린 그렇게 즐거운 해후를 하고 연락처를 주고받았다.

충전을 마치고

졸업과 동시에 꿈에도 그리던 데이케어를 다시 찾았나. 예선에 있던 곳은 아니지만 새로 신설한 초창기 데이케어에서 일하게 되었다. 사장님은 안정된 직장에서 일하시다가 노인 사업에 열정과 소신이 있어 순수한 마음으로 이 사업을 시작하셨지만 처음부터 운영난에 시달렸다. 나는 여러 가지 수업을 신설하여 진행했다. 꽃 만들기, 색종이 접기, 뜨개질…. 아침엔 1시간 일찍 출근하여 주방에서 죽 끓이는 일을 돕고, 식사가 끝나면 설거지, 화장실을 청소하고 홀에 물걸레질을 했다. 오후에 시간이 나면 탁구도 배우고 댄스도 배우면서 지냈지만 너무나 청렴결백했던 사장님은 사업을 이끌어 가기엔 역부족이었다.

　나는 다른 곳으로 일터를 옮겼다. 우선 본업이던 키보드를 가르치기 시작했다. 한국에서 아이들을 가르칠 땐 대부분이 부모에 의해서 원치 않게 피아노를 배우는 학생들이 많았다. 보통 한 번 시작하면 5~6년을 배워야 하니 지루하기도 했겠지만 기억에 남는 한 아이는 엄마가 생일 선물로 무얼 사 줄까 물었더니 "생일 선물로 피아노를 끊게 해 주세요." 하더라는 것이었다. 다행히 자신이 피아노 실력이 향상되어 즐기게 되었을 무렵, 피아노를 싫어하는 동생을 설득하여 배우게 한 좋은 본보기가 된 아이가 있었다. 하지만 우리 어머니들은 피아노를 접할 수 없던 어려운 시대에 사셨으므로 그때는 배울 수 없었지만, 주어진 기회에 흔감해하며 초롱초롱한 눈망울로 열정을 다하시니 강의도 열성을 다할 수밖에.

성인 데이케어라는 제도를 만들고 회원들에게 서비스하고자 하는 미국 정부의 취지는 절대 약자인 노인들에게 정서적인 안정과 행복을 드리고 노년의 삶을 즐기게 하며 가능한 한 양로원에 가는 시기를 늦추도록 고안된 휴머니즘적 배려이다. 노인과 장애인, 어린이들에게 베푸는 배려는 인도주의를 기반으로 하는 미국 사회의 평등, 박애 정신이라는 생각이 들었다.

"치매 약 좀 빨리 개발하라고 해." 어느 날 점심 식사 후 산책길에 한 어머니께서 말을 건네 오셨다. "의사가 내게 치매 초기래. 풀어야 할 일이 남아 있는데, 획기적인 치료 약이 개발된다, 된다, 신문에서 한 번씩 떠들지만 시중에 나왔다는 말은 없고⋯." 범상치 않은 품위를 지니신 이 어머님 댁은 젊은 시절 문명의 이기가 흔치 않았던 때 종로에서 시계 판매상을 하여 생활이 유복했고 행복한 삶을 살았다며 어려움 없이 지냈던 추억을 한 아름 풀어 놓았다. 가족과 함께 즐겼던 덕수궁, 명동, 코스모스 백화점, 등 서울 생활을 회상하며 눈시울을 적셨다. 기억력이 차츰 사라지고 함께 살고 있는 아직 성가하지 않은 아들에게 짐이 되면 어쩌나 그것이 걱정이셨다.

치매는 정상적으로 활동하던 사람이 인지 기능을 상실하고 기억, 언어, 판단력 등의 저하로 일상생활에 지장을 주는 상태를 말한다. 유전적인 요소가 많다고 하지만 누구도 간과할 수 없는 노년의 질병이다. 한 날은 봄꽃 나들이를 위해 회원들을 모시고 브롱크스에 있는 식물원에 갔다. 한껏 꽃구경을 하고 돌아갈 시간이 되었는데 인원 점검을 해 보니 한 분이 안 보이는 것이다. 화장실은 물론 전 직원이 총동원하여 샅샅이 찾았지만 보이지 않았다. 모두가 출발하지 못하고 시간이 지체되었다. 큰길까지 내려와 살피던 중 버스 정류장에 그 어머니의 모습이 보이는 것이 아닌가! 다가가 보니 외국 사람들에게 "봉천동 가는 버스 어디서 타유?"하며 묻고 계신 것이었다. 봉천동이 얼마나 그리웠으면…. 마음 한편이 애잔했다.

치매의 증세 중에는 필요 없는 것에 대한 욕심이나 수집, 무의식중의 도벽도 있다. 한번은 일과가 파할 무렵 내 휴대폰이 아무리 찾아도 없는 것이다. 다른 전화로 걸어 보니 한 어머니의 백에서 신호음이 들리는 것이 아닌가! 어머니는 핸드백을 어깨에 걸고 몸에 꼭 붙이고 계셨다. 나는 잠시 생각하다가 다가가 "어머니, 제가 오늘 급히 필요한 일이 있어서 그러는데 $20만 빌려주세요. 내일 바로 갚을게요." 그러자 어머니는 백을 내렸다. 지갑에서 $20 한 장을 받으며 소매치기처럼 무사히 내 휴대폰을 빼내는 데 성공했다.

한 달여 병원 입원 중에 계셨던 한 어머니로부터 부고장을 받았다. 통증으로 온몸이 아파도 늘 입가에 미소가 번지셨던 분이시다. 뜨개질 시간이 회상되었다. 모두가 코바늘로 딸기 모양 수세미를 짜고 있었다. 이 어머니는 원래 바늘을 잡아 본 적도 없으셨지만 처음 뜨개질을 배워서 더딘 대로 그 재미에 흠뻑 빠져 계셨다. 이때 능숙한 한 어머니가 "왜 빨리빨리 안 가르쳐 주고 그느린 사람을 붙들고 시간을 허비하느냐?" 불평하시자 어서 저분부터 가르쳐 드리라며 미안해하셨다. 이곳에 오시는 분들은 성격도, 능력도, 건강도 각기 다르시기에 늘 양보하시는 분, 늘 욕심내시는 분, 똑같이 평등하게 대우하기를 바라시는 분, 맞추어 드려

내가 걸은 오솔길

야 할 일은 한두 가지가 아니다. 그분들 중 생애 처음 뜨개질을 배우면서 즐거워하던 그 어머니가 가신 것이다. 잠시나마 행복해하셨던 모습이 잊히지 않는다.

비극이 희극으로

보통의 행사는 어머니들이 주가 되어서 움직이건만 이때는 달랐다. 아버님들께서 〈이수일과 심순애〉 연극을 하시겠다고 적극적으로 나서셨다. 반가운 일이지만 문제는 까다로우신 아버님들의 요구 사항을 다 맞추어 드려야 하는 게 쉬운 일이 아니었다. 우선 이수일의 학사복과 사각모 그리고 망토가 준비되고, 심순애의 검정 치마 흰 저고리와 흰 양말, 검정 구두도 마련되었다. 김중배의 양복과 중절모까지 복장은 모두 갖추어졌다. 문제는 대동강변 부벽루의 연극 배경 세트를 만들라는 것인데, 맞추려 하면 비용이 만만치 않았다. 하는 수 없이 하드보드지 수십 장을 붙여 소나무 위로 달이 떠 있는 강변길을 아크릴 물감으로 그리고 무대에 세워 밧줄로 단단히 매었다.

이번엔 대사를 외우는 일, 수없이 반복해 외워도 하루만 지나면 다 잊어버리고, "놓아라, 김중배의 다이아몬드 보석 반지가 그렇게도 탐이 나더란 말이냐?" "수일 씨…. 그다음이 뭐지?" 마음은 청춘이나 어르신들이 대사를 상황에 맞추어 암기한다는 것은 애초에 불가능한 일이었다. 드디어 공연 날이 왔다. 복장은 모두 멋지게 갖추어 입었건만 시작부터 대사가 막히기 시작했다. 하는 수없이 우리는 무대 배경에 주먹만 한 구멍들을 내고 무대 뒤에서 대사를 큰 소리로 읽어 드린 뒤 배우들이 따라 하는 코믹한 연극이 연출되었다. 배우들도 관객들도 그날은 얼마나 웃었는지, 동영상으로 촬영되어 두고두고 꺼내 보는 호주머니 속의 추억이 되었다.

내가 걸은 오솔길

이거 생화인가요?

나는 이것저것 배우는 것을 좋아했지만 꽃꽂이만큼은 고집스레 배우지 않았다. 꽃꽂이를 잘해 놓으면 정말 아름답고 사람들에게 감동을 주는 것도 잘 알고 있다. 그러나 왠지 그 아름다운 꽃들이 잘려져 나와 한번 장식된 후 시들어 버리는 모습을 보면 꽃에게 못 할 짓을 한 것 같아 마음이 좋지 않았다. 그렇다고 선물가게에서 파는 플라스틱 조화도 한눈에 보면 예쁘지만 금방 식상하여 성에 차지 않았다.

어느 날 인터넷에서 아트(Art) 분야를 검색하던 중 그 섬세하고 실물과 버금가게 만들어지는 꽃 만들기 공예에 매료되었다. '크레이프 페이퍼(Crepe paper)'라고 하는 꽃을 만드는 주름 종이가 있다. 조각조각으로 섬세한 모양을 만들어 거의 생화와 흡사하게 만들 수 있다. 시중에서 판매되는 공예 제품들이 아닌, 손으로 정성 들여 만드는 이 꽃들은 하나하나가 예술이었다. 나는 이 꽃 만들기에 푹 빠져 여러 가지 꽃을 만들고 꽃 만들기 클래스를 개설하여 회원들에게 가르쳐 드렸다.

색색의 꽃 만들기 클래스는 곧 인기 수업이 되었다. 장미, 진달래, 동백, 프리지어, 방울꽃, 나팔꽃, 해바라기, 국화, 튤립, 수국…. 한들한들하는 코스모스는 실제 꽃과 거의 같아서 어느 날 집에서 꽃을 만들어 한 묶음 들고 출근했더니, 동료 직원이 "선생님, 미국에서 이렇게 꽃을 꺾으면 벌금 물어요." 하기에 "정말 진짜 꽃 같았나요?" 하면서 눈앞에 가까이 보여 주었다. 실제 나뭇가지에 회원들과 함께 흰색, 분홍색, 빨간색 코스모스를 만들어 하나하나 가는 철사로 묶고 억새 풀잎을 한 묶음 끊어다 큰 나무 항아리에 함께 매치했더니 가을 정서가 물씬 풍기는 것은 물론 코스모스가 바람에 살랑이기까지 하였다. 또 하나는 장미, 또 하나는 진달래, 3개의 큰 나무 항아리에 담긴 꽃들은 데이케어 분위기를 한결 화사하게 만들었다. 꽃 만들기 클래스는 많은 분들이 즐겨 참여했고, 정성껏 만들어 친구에게 선물하기도 하고 아버님들은 양복 위 주머니에 꽂기도 하며 즐거워하셨다.

오색실로 수를 놓아

"유세차 모년 모월 모일에 미망인 모 씨는 두어 자 글로서 針子에 게 고하노니…." 27년간 사용했던 바늘이 부러짐을 슬퍼하며 쓴 유 씨 부인의 「조침문」은 감탄을 자아내게 하는 조선시대의 산문 이다. 우리 어머니 세대는 바느질을 많이 하셨다. 손수 치마저고 리도 만드시고, 가족들의 옷 수선도 하시고, 지금은 눈이 침침하 시다 해도 바늘을 다루시는 데는 익숙하셨다.

나는 수예반 클래스를 오픈하여 서양 자수를 기초부터 가르 치기 시작했다. 동그란 수틀에 천을 끼워 스트레이트 스티치부터 아웃라인, 체인, 레이지 데이지 스티치, 불리온 스티치…. 기초 를 익힌 후 아기자기한 꽃수를 가르쳐 드리고 실제 응용하시도록 유도했다. 우선 나의 밋밋한 옷의 목둘레, 소매 끝, 가슴 한쪽에 수를 놓아 입고 다니자 어머니들은 너도나도 옷에, 모자에, 양말 목에도 수를 놓기 시작했다. 뜨개질을 잘하시는 한 어머니는 스 웨터를 짜서 그 위에 꽃수를 놓아 한국에 있는 딸에게 보내신 후 그 옷을 입고 사진을 찍어 보내라 하여 보면서 흐뭇해하셨다.

그다음은 큰 도안의 수예 작품을 만들어 항상 필요한 손가방을 제작해 실용적으로 들고 다니시도록 했다. 작은 미술용 캔버스 위 에 수를 놓아 액자로 만들어 방에 걸어 놓으시도록도 해 드렸다. 일 상에서 무한히 이용할 수 있는 수예, 베갯잇에도, 방석에도, 자신의 옷에도 아이디어를 내어 하나하나 응용해 가며 행복해하셨다. 수예 방에서 오색실로 수를 놓으며 흥겨울 때 소리 모아 부르던 "청실, 홍실 여억거서 무늬 곱게에도~오~!" 노랫소리가 귓전에 맴돈다.

4장

팬데믹

공포의 코로나19 바이러스

눈에 보이지도 않는 세균 하나가 온 세상의 시계를 잠시 멈추어 놓았다. 수많은 사람이 죽었고, 감염이 두려워 모두 집에 머물러 있다. 할 일 없이 무료한 시간을 채우려 테이블에 그림 도구들을 챙겨 자리하고 앉았다. 그동안 바쁜 일상에서 잊고 살았던 붓을 친구 삼아 놀기로 했다. 서예와 난을 치는 일로 하루가 빠르게 지나간다. 물감을 섞어 원하는 색을 만들고 담묵을 조절하며 수채화를 그리다 보면 또 하루가 쏜살같이 지나간다. 하지만 이 창조물을 표현하고 싶은 간절한 모방이 어디 실제로 보는 봄꽃의 감동만 하랴! 제풀에 지치는 하루다. 매스컴에서는 연일 숫자를 갱신하는 사망자들의 통계, 먼 길가로부터 들려오는 잦은 앰뷸런스 소리, 처음 겪는 공포의 시대다.

길가에 민들레

마스크와 장갑에 선글라스를 끼고 넓은 챙 모자를 쓰고 집을 나선다. 도보로 가기엔 좀 먼 거리인 한인 마트에 몇 가지 식료품을 사기 위해, 실은 속절없이 지나가고 있는 봄볕이 그리워 꽃구경 겸 나선 길이다. 코로나19 사태로 집에 머문 지 2개월이 넘었지만 밖의 세상은 해마다 보아 온 낯익은 봄 정경이 어김없이 펼쳐져 있다. 갖가지 봄꽃들 사이에서 눈길을 사로잡는 노란 민들레 무리, 내 기억은 먼 옛날 초등학교 1학년 시절로 돌아간다.

하얀 망사 치마를 입고 작은 시골 학교의 학예회 무대에서 불렀던 노래 "길가에 민들레도 노랑 저고리, 첫돌 맞이 우리 아기도 노랑 저고리, 아가야 방실방실 웃어 보아라, 민들레야 방실방실 웃어 보아라." 두 손을 배꼽에 모으고 무릎을 굽히면서 고개를 양 옆으로 까딱이며 불렀던 노래, 이 꽃 속에 오버랩되는 기억이 많다. 초등학교 시절, 동무들과 줄지어 봄 소풍 가던 신작로에 밟고 또 밟혀도 아랑곳하지 않고 피어나던, 삭막한 도시의 아파트 빌딩 시멘트 틈새에서도, 고궁의 돌담 밑, 어머니 산소의 봉분에 봄이면 꽃핀처럼 피어 있던 그 노란 꽃들이 그리도 선명했던 것은 돌담의 중후한 색상과 흙, 그리고 잎을 이루고 있는 초록이 완벽한 색상 대비를 이루기 때문이라는 것을 나는 깨달았다.

아름다움이 빛을 발하기 위해선 그를 받쳐 주는 어둠이 필요하다는 이치를, 삶이 귀함을 알게 하기 위한 팬데믹의 시련일까?

민들레는 꽃이 다 하고 나면 꽃대를 길게 뽑아 올려 홀씨를 만든다. 이 노랑의 기쁨을 더 멀리 알리려 꽃받침을 모두 꽃대에 내

내가 걸은 오솔길

려 붙이고, 바람에 모든 것을 맡긴다. 더 멀리, 더 많이 갈 수 있도록. 그 수고로 인해 우리는 해마다 봄이 오면 이 눈부신 광경을 향유할 수 있는 것이다. 그런데 지금은 그 반대로 인류에게 해가 되는 홀씨로 무수한 인명을 해치고 있는 바이러스와 전쟁 중이다. 이 정체 모를 적의 공격 앞에 나는 무기력하지만 "이 또한 지나가리라." 기다림의 나날들이다.

다시 돌아가는 시계

멈추었던 세상이 천천히 다시 돌아가고 식당들도 길 쪽에 비닐 천막을 치고 서서히 영업을 재개하고 있다. 데이케어도 프로그램을 재정비하고 회원들을 맞이하여 운영하기 시작했다. 조심스럽게 모두 마스크를 착용하도록 하고 주 2회 코로나 테스트를 하여 양성인 분들은 조용히 불러 집으로 보내 드리고 5일이 지난 후 나오시도록 조처하고 있다. 감염이 죄도 아니건만 옆에 오면 정색을 하고 '사회적 거리(social distance)'라고 하여 가까이 오는 사람을 껄끄러워하고 다툼까지 일어나는 이 냉혹한 현실이 안타깝기만 하다. 멕시코에 있는 칸쿤 휴양지로 남편과 함께 4박 5일간 여행 다녀왔다. 수평선 바라보며 바닷가 호텔에서 그냥 먹고, 자고 휴식했다. 천국에 있는 것처럼 마냥 편안했다.

5장

사랑이 있는 곳

책임자의 임무

여행 다녀와서 데이케어 책임자인 원장으로 소임받았다. 데이케어에 입문한 이래 가장 험난한 여정이 기다리고 있었다. 두 데이케어가 합병이 된 상황이었기 때문이다. 두 집단이 하나가 되었을 때, 거기서 일어나는 불협화음은 상상을 초월했다. 나는 이 낯선 집단에서 통일을 이루어 내야 하는 막중한 임무를 맡게 된 것이다. 직원은 직원들대로, 회원은 회원들대로 서로 반목하는 두 개의 나라, 게다가 이쪽에도 저쪽에도 속하지 않은 이방인인 나는 불신의 대상이 되어 있었다.

　이 사람은 어떤 사람일까? 옷을 어떻게 입는가에서부터 시작하여 구두 소리가 거슬리니 운동화를 신고 와라. 스쳐 지나갈 때 인사를 안 했다. 몸이 아파 결석을 했는데 안부 전화를 안 했다. 음식이 맵고 짜다 등등. 전에 가르치는 일만 했을 때는 따뜻한 정서적 신뢰가 있었지만 규모도 크고 회원이 많은 이곳에서 개개인의 서로 다른 목소리를 조율하여 수용하기란 마치 수많은 시어머니에게 매일 심사받는 느낌이었다. 하지만 한 가지씩 질서를 잡아가기 위한 노력을 멈추지 않았다. 어떤 원칙이 없이는 단체를 이끌어 갈 수 없다.

내가 걸은 오솔길

새로운 질서를 위한 진통

데이케어는 한 달에 한 번 파티를 연다. 자녀들이 부모님의 생신을 잘 챙겨 주는 분도 계시지만, 바쁜 일상 때문에 혹은 멀리 떨어져 있어 쓸쓸히 지내시는 분도 많다. 데이케어에서는 그달에 생신인 분들을 주인공으로 모셔 생신 축하 고깔모자를 씌워 드리고 케이크에 촛불을 밝히고 다 함께 생신 축하 노래를 불러 드린다. 축하 공연으로 수업 시간에 갈고닦은 실력(고전 무용, 장구, 라인 댄스, 기타, 키보드, 드럼, 합창 등)을 발표도 하고 파티의 꽃인 노래자랑 시간을 갖는다. 많은 분이 여러 사람 앞에서 마이크를 잡고 자신의 노래 기량을 마음껏 발휘하신다. 이런 활동을 통해 존재감을 확인할 수 있고 자신감을 얻을 수 있기에 가능한 한 많은 분이 참석하도록 권고해 드린다.

그런데 이곳에는 파티라는 문화가 없고, 파티를 진행할 수 있는 공간조차 없었다. 나는 부임 후 일주일 만에 사장님의 허락을 받아 홀 앞에 있는 단상을 철거하고 회원들의 테이블을 뒤로 물린 후 작으나마 무대를 마련하였다. 테이블마다 흰 커버를 씌우고 크레이프 페이퍼로 장미를 접어 파티가 끝나면 한 사람당 두 송이씩 가져가실 수 있도록 투명 컵에 꽂아 배치하여 테이블을 세팅했다. 게임은 마침 구정과 맞물려 있던 터라 우리의 민속놀이인 투호 던지기, 딱지치기, 제기차기, 팽이 돌리기를 했다. 팽이 돌리기는 여러 차례 리그전이 있었는데 그해 100세 되신 할아버님이 왕년의 실력을 발휘하여 1등 상을 타게 되자 모두가 환호했다.

음력 추석이 생신인 아버님 말씀에 의하면 당신 어머님께서 떡방아 찧다가 낳으셨다고 하며 그래서 이렇게 건강하게 오래 사시나 보다 우스갯소리로 하신다. 추석 파티 때는 백세 생신을 특별 축하해 드리고 축하 꽃다발을 걸어 드리며 감사장과 트로피도 선물로 드렸다. 100세 영광의 생신 모습을 신문 기사에도 실어 드렸다. 나는 그해 축하 파티 후 아버님께 숙제를 하나 드렸다. 그 숙제란 120세까지 사시는 것, 3년이 지난 지금도 아침마다 악수할 때 보면 손이 따끈따끈하시다. "아버님, 이제 숙제 얼마 남았죠?" 하고 여쭈어보면 "17년" 그러고는 "문제없어." 하신다. 올해 춘추가 103세 되신 아버님은 안경도 보청기도 사용 안 하신다. 100세 시대는 이제 더 이상 뉴스거리가 아니다. 장수 어르신들의 특징인 노하지 않고, 유머를 잃지 않고 긍정적으로 사는 모습은 타에 귀감이 된다. 노래 한 곡을 부탁드렸더니 대뜸 "니가 왜 거기서 나와, 니가 왜 거기서 나와!" 큰 소리로 부르셔서 장내는 폭소로 가득 찼다.

파티가 끝났을 때 예측 못할 일이 벌어졌다. 파티는 무슨 파티냐, 왜 수업 시간을 빼먹고 파티를 하느냐, 노랫소리가 시끄럽다…. 여기저기서 거센 항의가 터져 나왔다. 어떤 집단이든 익숙한 하나의 문화나 고정 관념을 바꾸는 데는 시간이 필요하다. 좀 더 알찬 파티를 기획하며 꾸준히 진행해 갔다. 3개월쯤 지난 어느 날 어머니 한 분이 와서 물으셨다. "다음 달 파티 날짜는 언제야?" 라고…. 그렇게 그렇게 파티 문화는 서서히 정착되어 갔다. 현재 파티는 물론 상례화되었고, 생신 축하 의례, 노래자랑, 게임 등의 동영상을 촬영하여 한 분, 한 분께 빠짐없이 보내 드린다. 회원들은 그것을 보고 또 보고, 친구나 가족, 멀리 한국에 있는 자녀들에

내가 걸은 오솔길

게도 보내며 흐뭇해하신다.

아침마다 일과 전에 하는 국민 체조도 똑같은 과정을 겪어야 했다. 상쾌하게 몸을 풀어 주고 하루를 시작하는 아침 체조는 어르신들에게 필수 운동이다. "시끄럽다, 먼지 난다." 몇몇 분들이 고성을 냈다. "우리는 하겠다. 당신들이 나가라." 중단하기를 수차례, 지금은 아침이면 국민체조 시간이 조금 늦으면 "왜 체조 안 하느냐?" 재촉하신다.

가곡은 마음의 고향

한 어머니로부터 당장 불호령이 떨어졌다. "여기 화투 치는데 누가 시끄럽게 피아노를 갖다 놓으라고 했나, 당장 치워라." 홀에 배치하려던 피아노는 하는 수 없이 멀리 무용실 구석으로 옮겨가야만 했다. 몇 달 후 조심히 피아노를 다시 홀로 옮겼다. 안에는 장소가 좁아 더 많은 사람이 노래를 함께 하기 원한다는 요청에 의해서였다.

약 220곡 정도의 우리 가곡, 어르신들에게 익숙한 인기 가요, 특히 좋아하시는 동요도 악보를 마련했다. 가곡으로는 모두가 아는 '가고파', '보리밭', '그네', '아 목동아', '즐거운 나의 집'…. 민요는 '갑돌이와 갑순이', '아리랑', '울산 아가씨'…. 동요로는 한국인이 가장 선호하는 '섬집아기'를 비롯해서 어릴 적 정서가 스며 있는 곡들을 부르며, 옛날 이야기를 나눠 가며 수업을 진행한다. '오나의 태양'을 바리톤으로 열창하시는 아버님, '아 목동아'를 영어로 유창하게 부르시는 아버님도 있다.

"빨간 우산, 파란 우산, 찢어진 우산~." 우산이 흔치 않았던 시절 우산 셋이 나란히 걸어가는 이야기도 노래한다. 비 오는 날 비료 봉투를 쓰고 학교에 갔다는 이야기, 우산 하나에 둘이서 얼굴과 책가방만 가리고 왔다는 지금 세대 사람이 들으면 믿기지 않을 옛날을 추억한다. 소꿉장난이 유일한 오락이었던 어린 시절 "모래알로 떡 해 놓고 조약돌로 소반 지어 엄마 아빠 모셔다가 맛있게도 냠냠." 그때는 소꿉장난할 도구가 없어 사이다 병뚜껑을 주워다 놓았다는 한 어머니 말씀에 "웬걸, 우리는 그런 것도 없어서 항아리 깨진 사금파리를 가지고 놀았다."라며 정색하는 어머니, 노래를 부르며 동요에 얽힌 추억을 나누고 어린 시절로 멀리 멀리 회상의 나래를 편다.

"고드름, 고드름 녹지 말아요. 각시님 방안에 바람 들~면 손 시려 발 시려 감기 드실라." 추운 겨울이면 처마 밑에 길게 달려 있던 고드름, 냉장고가 없던 시절이라 한겨울에만 볼 수 있는 귀한 고드름을 이가 시리도록 따서 먹기도 하고, 남자아이들은 큰 것을 떼어내어 칼싸움 놀이도 하던 옛이야기를 나눈 다음 날이었다. 한 어머니께서 팔 길이만큼 긴 고드름을 아침 일찍 가져오셨다. 사시는 곳에 고드름이 맺혀 있기에 내게 보여 주겠다고 오시는 차 안에 녹을세라 들고 오신 것이란다. 신기하고 감사했던 그 정성을 잊을 수가 없다. 어느덧 가곡 시간은 안정된 분위기에서 50분 동안 진행하며 노래도, 담소도 나누는 즐거운 수업이 되었다.

베란다 농장

2층에 위치한 데이케어 건물에는 넓은 베란다가 있다. 따뜻한 햇살에 회원들이 산책도 하고 실장님이 실내에 필요한 목재 작업도 하는 꽤 넓은 공간이다. 나는 이 따뜻한 정남향의 햇살을 이용하여 농작물을 키우는 베란다 농장을 기획했다. 쓰레기로 버려지는 빈 통(양동이 크기만 한 흰 통)을 겨우내 모았더니 봄이 되자 50여 개가 되었다.

통 밑에 구멍을 뚫고 거름흙을 채워 해가 잘 드는 벽 쪽에 한 줄로 붙이고 갖가지 식물들을 심었다. 호박, 오이, 여주, 수박, 참외, 가지, 고추, 상추, 쑥갓, 근대, 토마토, 방울토마토, 미나리, 돌나물, 파프리카, 파, 부추, 케일, 당근, 옥수수, 수수까지도 심었다. 매일매일 물을 주어 가꾸니 어느 날 오이, 호박 나무에서 덩굴손이 나오고, 줄을 잡고 올라갈 수 있도록 대를 세워 노끈을 얼기설기 매어 주었다. 조롱조롱 맺히기 시작한 오이가 하룻밤 자고 나면 쑥쑥 커가는 모습은 회원들에게 매일 감탄사를 연발하게 하며 볼거리와 기쁨을 안겨 주었다. 첫 수확물인 오이를 따서 빙고 상품으로 내어놓았다. 당첨되신 분은 환호하며 신선하고 향기로운 오이를 옆에 계신 분들과 맛있게 나누어 드셨다.

정말 열매가 달릴까? 가장 궁금했던 수박이 조롱조롱 맺히기 시작했다. 그 동그란 구슬로 시작하여 선연해 가는 초록 줄무늬와 함께 수박은 무럭무럭 잘 자라 주었다. 커 갈수록 무게를 이기지 못하는 수박의 줄기가 안쓰러워 지푸라기 실로 수박 방석을 짜서 앉혀 주었다. 동그마니 방석에 올라앉은 수박들은 앙증맞아서 우리에게 멋진 사진 모델이 되어 주었다. 정말 맛이 있을까? 어느 날 두근거리는 마음으로 수박을 따서 썰었는데 기대 이상으로 너무나 달고 맛이 있었다. 조그맣게 조각내어 모든 회원께서 맛을 보시도록 나누어 드렸다. 더운 여름날 수박은 우리 모두에게 한 조각씩의 시원함을 선사했다.

여주는 어릴 적 우리 집 담장에 어머니가 늘 가꾸던 낯익은 열매이다. 넝쿨이 자라 울퉁불퉁 조그마한 연둣빛 열매가 맺히기 시작하고 그 초록의 빛이 형광 주황색으로 변해 간 후 스스로 벌어져 새빨간 알들을 드러내는 신비스러운 여주를 그 붉은 구슬이 쏟아질세라 접시에 담아 내 책상 위에 올려놓고 오가는 사람이 모두 볼 수 있게 했다.

가끔은, 베란다 농장에서 호박, 파, 부추, 미나리를 채취하여 풋고추를 숭숭 썰어 넣고 따끈따끈한 부침개를 만들어 직원들의 한 끼 점심 식사가 푸짐하였다. 옥수수는 키가 높이 자라 분홍 수염을 조금씩 기르며 커 갔다. 수염이 말라 갈 무렵, 어서 따 보자는 어머님들 성화에 못 이겨 따 보니 몇 겹의 껍질 속에 질서 정연한 알들이 진주알처럼 통통하게 여물어있었다. 옥수수를 딴 후 옛날을 추억하여 옥수숫대를 한 뼘 크기로 잘라 나누어 드렸더니 이로 껍질을 벗겨 내고 그 속대의 달콤한 수분을 맛보며 어린 시절을 회상하셨다.

세 포기의 수수 나무를 길렀는데, 수숫대마다 풍성한 알들이 다닥다닥 열려 있었다. 수수알이 영글었을 무렵 그것을 베어 찜통에 쪄서 조그맣게 한 가지씩 떼어 회원들께 나누어 드렸다. 한 알 한 알 베어 물며 하시는 말씀, 쌀이 귀할 때 이 수수가 귀한 식

량이었고 우리나라 전통 풍습에 아기가 태어나 백일이 되면 무병
장수하라고 수수팥떡을 만들어 백일상에 올렸다는 이야기도, 수
수나 팥의 붉은색은 부정을 막고 귀신을 쫓아낸다는 조상들의 믿
음도 알려 주셨다.

늦여름 서정

뚜-른, 뚜-른, 뚜르른, 뚜르른, 뚠-

　비발디 협주곡 사계 중 여름 악장을 들으며, 입추가 지난 커닝햄 파크의 아침 오솔길을 걷는다.

　키 작은 까마중 나무에 눈동자처럼 까만 알들이 익어간다. 여뀌, 쑥부쟁이, 분홍 클로버, 노란 씀바귀꽃이 앞서거니 뒤서거니 잔디를 헤치며 따라온다. 이젠 더 이상 초록이라 불릴 날도 머지 않은 나무들이, 양옆으로 그늘 양산을 펼쳐 들고 더위를 호위해 줌이 황송하다. 무성한 잎들 사이로 맑은 하늘이 보인다.

　오월을 달리던 찔레꽃 행렬도 멈추고, 어느새 녹두알만 한 열매들이 가을 새들의 양식을 익히고 있다. 기척도 없이 목과 손등 위를 풀모기가 두 방 물고 사라졌다. 가렵고 따끔거린다. 단백질을 얻기 위해 흡혈을 해야 하는 모기의 임무가 종족 보존이라 하니 헌혈쯤이야 기꺼이 하련만, 가려움에 통증까지 주고 인사도 없이 가다니, 예의 없는 친구로고.

　돼지감자꽃 닮은 들꽃치고는 큰 노란 꽃들이 무리 지어 피어 있는 곳에 하얀 나비가 날씬한 몸으로 소식(小食) 하며 춤을 춘다. 그 옆에 통통한 호박벌이 한참이나 꿀을 딴다. 둘 다 보기 좋다.

　윗옷을 벗은 채 매일 마라톤 연습을 하는 청년, 경보 속도로 다급하게 걷는 중년 여인, 두런두런 이야기하며 걷는 노부부, 중년 부부, 이미 날씬한 몸을 더욱 소중히 아끼며 걷는 아가씨, 지팡이에 의지하여 재활을 위해 조심히 걷는 할아버지, 매일 걸어 작년보다 허리가 꼿꼿해진 아주머니, 자주 보는 낯익은 길손들은 "하

내가 걸은 오솔길

이!" 웃으며 손들어 인사한다.

애완견을 데리고 산책 나온 사람들도 심심치 않게 있다. 주인 따라 나온 아장아장 하룻강아지는 저도 즐겁고, 함께 가는 산책객의 발걸음도 가볍게 한다. 개는 자기네끼리 만나면 어떤 것들은 서로 반기고, 어떤 것들은 으르렁대는데 무엇 때문인지 그들의 대화를 통 알 수가 없다. 멀리 앞서가던 한 중년이 자기 애견의 목줄을 늘여 준다. 애견이 멈춘다. 자세를 옹크린다. 예상대로 큰일을 본다. 개는 부끄러운지 연신 뒷발로 흙을 파서 덮겠다는 표를 한다. 주인은 모른 체 그냥 간다.

소나기, 천둥, 번개를 동반한 콘체르토 2악장이 시원한 바람을 몰고 온다. 여름이 덥기만 한 것은 아니라고 비발디는 말을 건넨다. 고개를 끄덕이며 걷는다. 땀방울이 줄을 지어 목으로 흐른다.

오랜만에 찾아간 샛길에 있는 작은 연못, 지난가을부터 가뭄에 물이 말라 나무 대여섯 그루가 발부리를 보이고 비스듬히 누워 애가 탔다. 그렇게 누운 채로 봄엔 연둣빛 잎을 틔웠었는데, 올여름 자주 내린 비에 힘입어 무성해진 초록 갈댓잎 사이로, 나무는 모두 바르게 서 있다. 나도 모르게 박수를 쳤다. 이제 연못은 가득 찼다. 자연은 제 혼자 일어날 수 있는 힘을 가진 것이다.

바이올린, 첼로의 빠른 선율이 3악장의 거센 바람을 휘몰아 간다. 때아닌 우박이 설익은 과일을 떨어뜨리고 곡식이 쓰러지고, 양도 양치기도 불안에 떠는 장면을 연주한다. 오는 길과 가는 길은 끊임없이 사람이 바뀌며 흘러가고 있다. 어김없이 가을은 단풍나무로부터 시과(翅果)처럼 왈츠를 추며 건너올 것이다. 그리고 남은 과일과 곡식을 풍성히 익힐 것이다.

베어 마운틴 가을 소풍

날씨도 청명하고, 단풍이 곱게 물들어 가던 어느 가을날 우리는 두 대의 큰 버스를 대절하여 뉴저지주에 있는 베어 마운틴으로 가을 소풍을 갔다. 저마다 한껏 들뜬 모처럼의 나들이에 곱게 차려입은 회원들에게 혹 길을 잃을세라 동그랗게 만들어진 색색의 연락처 안내 이름표를 달아 드리고 차가 출발하자 "산골짝의 다람쥐 아기 다람쥐, 도토리 점심 가지고 소풍을 간다." 입에서 입으로 노랫소리 흥겹게 차가 시내를 벗어났다.

　구불구불 오색으로 물들어 가는 단풍들을 보며 마냥 좋아하시는 모습들, 어느 어머니가 흥을 이기지 못하여 선창을 하고 모두 따라 부른다. "가을이라 가을바람 솔솔 불어오니 푸른 잎은 붉은 치마 갈아입고서…." 그렇게 도착한 곳은 산 밑의 호숫가, 하늘은 찬연하게 파랗고 데칼코마니처럼 물속에 비친 가을 풍경에 흠뻑 취해서 모두 실바람 부는 호숫가를 거닐며 사진을 찍으시느라 시간 가는 줄 모르신다. 돌아오는 길 뷔페에 들러 식사를 하고 그렇게 또 아름다운 가을 나들이가 모두의 추억에 한 잎 쌓여 갔다.

아르헨티나, 브라질 여행

내가 꼭 한 번 가 보고 싶었던 나라 아르헨티나, 한때 경제 강국이었다가 몰락한 나라, 축구 영웅 메시의 나라라는 것은 두 번째 이유이고, 어릴 적 그렇게 길고도 길게 느껴지던 애타게 눈물지으며 읽었던 『엄마 찾아 삼만 리』라는 소설에서 주인공 마르코가 아르헨티나로 돈을 벌기 위해 떠난 엄마를 애타게 찾아 헤매던 부에노스아이레스라는 곳의 지명이 인상에 깊게 남아서인지도 모른다. 대서양에 인접해 있는 강가의 카페에서 다가오는 여객선을 보며 엄마를 찾아오는 마르코의 모습을 상상해 보기도 했다.

밤에는 대형 극장식당에서 식사를 하며, 빠른 4분의 2박자에 맞추어 열정적으로 추는 탱고 춤을 관람했다. 마음에 담긴 한과 언어를 느린 동작으로 손끝과 발끝의 섬세한 움직임으로 표현하는 한국의 고전무용과는 정반대의, 역시 남미는 정열의 나라라는 것을 실감했다.

브라질 여행을 간 건 세계 최대의 이구아수 폭포를 보고 싶어서였다. 가장 인상 깊었던 것은 이구아수 폭포를 향해 가는 숲에 펼쳐진 정경, 마치 꿈속인 양 노랑나비들이 숲속을 가득 날고 있었다. 이 청정 지역 안에 들어오니 과연 벌레 먹은 구멍 난 나뭇잎들이 사방에 펼쳐져 있다. 어릴 적 우리는 이런 환경 속에서 자랐다. 학교에서는 송충이 잡는 날이라 하여 전교생이 산으로 송충이 토벌을 나선 적도 있었고, 짓궂은 남자아이들이 애벌레를 잡아 여자아이들을 놀리던 시절이 있었지만 지금은 볼 수 없는 자연의 변화, 벌레 먹은 나뭇잎들이 사뭇 정겨워 보이기도 한다.

새 공원에서 세상에서 처음 보는 온갖 형태와 색색의 새들을 보았다. 저마다 아름다운 색과 형태로 몸치장을 한 신비로운 창조물을 볼 수 있어 행복했다. 이구아수(거대한 물줄기를 뜻하는 말)! 무지개 아래 펼쳐진 거대한 폭포는 천지를 삼킬 듯 쏟아져 내리고 있었다. 자연이 이루어 내는 무궁한 신비를 보며 자연 속에 인간은 잠시 머물다 가는 존재라는 생각을 더 하게 했다.

저녁 무렵에 갔던 코파카바나 해변, 이파네마 해변, 실제 아름다운 아가씨에 반해 이곳에서 작곡되었다는 불후의 팝송 'The girl from Ipanema' 보사노바의 흥겨운 리듬을 흥얼거리며 이파네마 해변을 걸었다. "Tall and tan and young and lovely. The girl from Ipanema goes walking and ···."

노년의 삶

인간의 생로병사 회로애락, 그 누구도 피해 갈 수 없는 세상사의 운명이지만, 그렇다 해도 특히 노년에 겪는 어려움은 가장 애처롭고 가슴 아픈 일이다. 부모는 누구라도 자식을 낳아 애지중지 길러낸다. 부유하건 가난하건 어떤 상황에 처해 있던 자신의 처지에서 할 수 있는 혼신의 힘을 다해 기른다. "부모는 자식을 위해 죽을 수 있어도 자식은 부모를 위해 죽지 못한다."라는 옛말이 부모의 사랑을 대변해 줄 수 있을까?

딸의 부탁을 받고 손녀를 돌보기 위해 미국에 오신 노부부가 있었다. 자식들이 직장에 간 사이 노인들은 손녀를 돌보며 행복해했다. 어느 날 아내가 눈길에 미끄러져 허리를 다친 후 병원에 입원하게 되셨는데, 아버님은 매일매일 식사를 챙겨 가지고 가 아내에게 떠먹이며 돌보았지만 약 2년여 투병하시다가 끝내 일어나지 못하고 세상을 떠나셨다. 혼자가 되신 아버님은 묵묵히 그 슬픔을 삭이며 어렵게 살아가고 계시다.

흔히 어르신들은 속된 말로 "자식은 소용없다." "절대 자식에게 돈 주지 말고 죽는 날까지 쥐고 있어야 한다." 푸념 삼아 던지는 말인데도 분명 거기에는 진리가 있다. 자식은 추억이라 했다. 자식은 홀씨 되어 날아가는 민들레 씨앗이다. 스스로 자생하도록 저 멀리 두고 노년의 삶을 스스로 계획하고 즐겨야 한다. 나는 이 주제로 많은 어르신들로부터 하소연을 듣는다. 자식 입장에서 보면 불효를 하려는 의도는 아니지만 각자의 삶이 바쁘고 독립된 생활을 하다 보니 부모를 따뜻이 배려한다는 것이 어찌 쉬운 일

내가 걸은 오솔길

이라! 이유는 있다 해도 유교 문화권 안에서 살아온 이 시대 어른들 가슴 한쪽에는 늘 서늘함이 자리하고 있음을 본다.

나는 늘 회원들에게 강조한다.
1. 내 건강은 내가 돌보아야 한다.
2. 나는 언제나 아름다운 여성이고, 나는 언제나 멋진 남성이다.
3. 장롱 속의 옷 중에서 가장 맘에 드는 새것부터 입자.
4. 세상의 주인공은 '나'라는 것을 잊지 말자.
5. 모든 것을 좋게 보고 많이 웃자.

좋아서

휠체어에 앉은 한 어머니를 고운 딸이 밀고 들어온다. 우리가 나누는 인사는 언제나 서로 "좋아서"이다. 어머니는 병으로 몸의 반을 쓰지 못한다. 반가움의 인사는 늘 고개를 끄덕이며 미소 짓기, 그리고 유일하게 할 수 있는 단어 "좋아서"이다. 어머니를 깨끗이 하여 예쁜 옷을 입히고 붉은 립스틱으로 곱게 단장시켜 모시고 오는, 모두가 칭찬하고 부러워하는 효녀 따님이 어머니에게 있다. 행여 어머니가 식사 중 음식물을 흘리면 남에게 폐가 될까 봐 항상 손수건을 들고 보살피는 딸의 사랑, 그 덕에 어머니의 얼굴에는 늘 만족한 행복의 미소가 머물러 있다. 유일한 어머님의 단어 "좋아서." 이 말속에는 얼마나 많은 의미가 담겨 있을까?

부부란?

부부는 일심동체이다. 지금 시대에 이 말은 오래 묵은 고전이 되어 버렸다. 언젠가 들었던 에피소드가 생각난다. 어느 해 질 녘 한 부부가 언덕에 앉아 석양을 바라보고 있었다. 아내가 말을 꺼냈다. "당신은 내 인생에 로또 복권이었소." 남편이 감격하여 눈물이 나오려고 하던 찰나, "하나도 맞는 게 없어." 부부가 맞추어 산다는 것이 얼마나 힘든가의 해학적 표현에 웃음이 폭발했던 기억이 있다. 그렇지만 나는 이곳에서 참된 부부란 어떤 모습인지 깊은 교훈을 주는 두 부부를 만났다.

불편한 한쪽 다리를 무겁게 끌며 휠체어에 타신 아버님을 모시고 어머니는 비가 오나 눈이 오나 더운 날에도, 추운 날에도 한결같이 출석하셨다. 희고 갸름한 얼굴에 항상 표정이 밝으신 이 아버님은 왕년에 유명한 골프 코치였고, 골프의 일가견에 대한 책도 편찬하셨다고 한다. 젊은 시절 좋은 교육을 받고 자라셨던 어머니는 다복한 결혼 생활을 했고, 자녀들도 잘 성장했다.

지금으로부터 8년 전, 당뇨와 투병하던 아버님은 급기야 한쪽 다리를 잃게 되고 조금씩 치매 증상이 커가고 있었다. 조금만 대화하다 보면 동문서답으로 흘러갔지만 우리는 만나면 항상 반가웠고 그분 나름의 무언가 진지한 설명에는 그에 맞는 대답으로 응수해 드렸다. 어머니는 늘 아버님을 깨끗이 씻겨 멋진 정장 차림으로 머리를 곱게 빗겨 모시고 왔다. 그 정갈한 아버님의 옷매무새 뒤에는 어머님의 숨은 노고가 많았다. 지금도 손빨래를 하시고 아침에 아버님을 모시고 차가 오기를 기다리고 있으면 때때로 배변 실수를 하여 다시 욕실로 가서 씻기고 깔끔하게 단장시켜 나오신다는 것이다.

그런 아버님이 최근 들어 식사량이 부쩍 줄고 거의 못 드시는 상태가 되자 병원으로 모시고 갔다. 폐렴 증세가 있어 폐에 물이 찼다고 해서 호스로 빼내고 있고, 이제는 아예 아무 말씀도 못 하고 누워 계셨다. 가족이 연명치료를 원하는지 아닌지를 결정하여 통보해 달라고 의사 선생님이 말했다. 어머니는 "우리 애 아빠, 불쌍해서 어떡해. 불쌍해서 어떡해."라고 되뇌며 눈물을 닦았다. "어머니, 그보다 더 잘할 수는 없어요. 누가 보아도 의무를 다하셨어요. 편히 하늘나라로 보내 드릴 때가 된 것 같아요." 그 밤을 보내고 다음 날 새벽 운명하셨다는 연락을 받았다. 장례식에서 뷰잉(viewing, 조객들이 관 속에 누워 있는 시신을 뵙고 마지막 인사를 나누는 의식)을 할 때 나는 너무나 곱고 평화로운 얼굴을 뵈었다. 어머님의 8년간의 노고가 고스란히 아버님의 편안한 안식에 빛을 비춰 주고 있었다.

화요일이다. 항상 정답게 팔짱을 끼고 들어오시는 부부가 있다. "안녕하세요?" 하고 내가 인사를 드린다. "안녕하세요? 며칠 안 봤더니 얼굴 잊어버리겠네요." 언제나 유머가 준비되어 있는 이 아버님은 앞을 보지 못하신다. 그는 표정이 언제나 밝고 긍정적이어서 만나면 웃음꽃이 핀다. 두 분은 중학교 때부터 고운 만남을 이어 오고 계셨다 한다. 운동 방면에 늘 출중했던 아버님이 대학 시절 농구를 하다가 뜻하지 않은 사고를 당하신 것이다. 이후 겪어야 했을 어려움들을 어떻게 다 짐작이나 할 수 있겠는가!

아버님은 서울역 앞에서 어머니를 보내 드리기로 하고 작별 인사를 나누셨다고 한다. 돌아서 가던 어머니는, 끝내 가지 못하고 돌아오셔서 두 분은 더욱더 끈끈한 사랑을 이어 오게 된 것이다. 파티 때도 청하기만 하면 언제나 두 분이 손잡고 나오셔서 열창해 주시던 노랫소리가 귓가에 맴돈다. 그분과 대화하면 유쾌한 유머 속에 시력을 가진 사람이 보지 못하는 청정의 진리를 들을 수 있다. 그림자처럼 돌보시는 부인과 자녀들, 손자, 손녀 재롱도 함께 하고, 선교사이신 이분을 존경하고 따르는 분들이 있어 조용한 시간이면 모여 앉아 노트에 메모도 하며 말씀을 듣는다. 아름다운 부부의 모습으로 큰 교훈을 남겨 주신 분들이다.

정식아!

한 따님이 아버님을 모시고 왔다. 걸음걸이도 불편하실 뿐만 아니라 말씀하기도 어려우셨고 스스로 식사도 하실 수조차 없어 떠먹여 드려야 하는 분이셨다. 사실 이 정도 상태라면 양로원으로 모셔야 하는데, 여러 사람이 있어 활기찬 이곳에 아버님을 모셔 보고픈 딸의 간청으로 인해 받아들이기로 했다. 우선 나와 가까운 옆자리에 앉혀 드리고 식사를 거들어 드렸다.

아무것도 할 수 없었지만 표정은 밝고 즐거우신 듯 보였다. 빳빳한 색지로 딱지를 접어 드렸더니 엄지손가락으로 가운데를 꾹꾹 누르셨다. 딱지치기 동작을 하려고 손을 들어 올렸더니 쉿! 검지를 입에 갖다 대시며 옆에 계신 분들한테 폐가 된다고 못 하게 하는 표정을 지으셨다. 아프지 않으셨을 때는 필경 덕망 있으셨던 분으로 미루어 짐작된다. 장기판을 갖다드렸다. 손가락으로 톡톡 장기 알을 건드리시기만 하던 분이 내가 바삐 돌아다니다 와 보니 혼자서 장기 알을 두 개씩 업어 놓으셨다. "Good job!" 하이파이브를 해 드렸다.

한 번은 무용실 전면 유리 거울 앞에서 자신의 모습을 주시하며 한동안 서 계셨다. 한참을 그렇게 계시더니 거울에 비친 당신 모습을 보며 "정식(가명)아! 너 정식이 아니냐? 손 좀 한번 만져 보자." 하시더니 손을 거울에 대고 움직여 보지만 손은 잡히지 않고…. 그 모습을 보는 나는 가슴이 쿵 하고 내려앉는 것 같았다. "아버님, 정식이가 누구예요?" 했더니 "내 동생." "지금 어디 살아요?" 했더니 "서울에." 하시는 것이었다.

내가 걸은 오솔길

아버님의 마음에 있는 세상을 다 알 수는 없었지만 올 때마다 조금씩 표정도 걸음걸이도 좋아져 갔다. 그런데 문제는 한 번, 두 번 배변 실수를 하시면서 모두 씻기고 옷을 갈아입혀 드려야 하는 날이 계속됐다. 속옷도 단단히 챙기고 오늘만은 제발… 기대해 보지만 급기야는 샤워실로 모시고 가 전체적인 샤워를 시켜 드리고 옷을 갈아입혀 보내 드릴 수밖에 없었다. 공동생활이기 때문에 여러 어려움이 있어 하는 수 없이 따님에게 말하고 집으로 모셔 드리게 되었다. 어떻게 지내고 계시는지 궁금할 때가 있다.

동료

동고동락을 함께해 온 동료들의 고마움을 잊지 못한다. 서로 믿고 화합하여 어떤 어려운 문제라도 능률적으로 풀어 나갈 수 있었던 원동력은 동료애였다고 생각한다. 한 달에 한 번 회원들의 파티를 끝내고 오후엔 직원들 파티를 마련했다. 주방에선 수육을 삶고 회도 떠 와 상추도 씻어 준비하고 주류도 마련하여 함께 친목을 나누며, 시간이 갈수록 편하고 즐거운 분위기로 정착되어 갔다.

파티의 절정은 노래 대항전, 직원들의 노래 실력은 우연이라기엔 믿기지 않을 정도로 모두가 수준급이다. 듣는 것만으로도 어느 콘서트장에 와 있는 듯 즐겁고 행복한 시간이었다. 재미를 더하기 위하여 각자 20달러씩 거두어 1, 2, 3등의 상금을 마련하고 노래한 후 모니터에 나오는 점수를 가지고 심사하여 상금을 주기로 했다. 노래방 점수라는 것은 전혀 공평하지 않고 근거가 없는 것이어서 터무니없는 결과가 나올 때마다 더욱 폭소를 자아내게 하는 재미있는 게임이 되었다. 직원 중 노래를 가장 못한다고 자타가 공인하는 누구는 할 때마다 1등을 차지하는 진기록을 갱신한다. 어깨는 하늘 높은 줄 모르고 "노래는 Feel이 중요하단 말이야, Feel!" 자만의 극치이다.

보이지 않는 곳에서

데이케어 내외의 모든 잡다한 일에서부터 힘들고 어려운 일까지, 보이지 않는 곳에서 윤활유 역할을 하는 실장님은 재능이 많고 부지런하시다. 좁아서 불편했던 무용실 확장 공사를 마치니 댄스나 요가 시간은 한층 활력 있게 진행되었다. 뒤쪽 작은방의 칸막이를 터서 음악실로 만들고 드럼, 장구, 기타 등 소리가 크게 나는 수업을 위한 악기들은 모두 음악실로 모았다.

건반악기를 연주하기 위해서는 의자가 일반 의자보다는 높아야 한다. 실장님은 나의 숙원대로 테이블과 의자의 높이를 맞추어 제작해 주셨다. 키보드반 회원들은 대만족이었다. 토요일은 휴일이지만 피아노 배우기를 원하는 분들에게 토요 특강반을 만들어 운영했다. 배움의 열정이 크신 분들이었기 때문에 쉼 없이 3시간 수업을 해도 어느새 끝나 버린 시간을 아쉬워하며 수업을 마쳐야 했다. 중간에 실장님이 감자를 따끈따끈하게 쪄서 보리차와 함께 들여보내 주시면 우리는 그것을 맛있게 먹고 또 공부했다.

데이케어의 평화로운 일상을 모르는 이들에게도 알리고 싶어 모 일간지에 기고했던 산문 한 편을 여기에 싣는다.

성인 데이케어 하루의 스케치
삶과 생각

영하의 날씨가 사흘째 거센 바람을 동반하고 몸을 옴츠리게 한다. 이곳은 플러싱에 위치한 성인 데이케어. 아침잠이 없는 한 어르신은 일찍부터 나오셔서 커피 한 잔에 몸을 녹이고 화투를 가지고 오늘의 운세를 점친다.

주방에선 못 오시는 어른들께 도시락 배달을 위한 준비로 분주하고, 한 분, 두 분 "Good morning!" 서로 반갑게 인사를 나누면서 하루가 열린다. 웬만해선 결석을 안 하시는 전 국민학교 교장 선생님 출신이신 103세 되신 아버님께서 오늘도 어김없이 어머님과 함께 희망찬 얼굴로 들어오신다. 하이파이브! 이분께 데이케어는 하루의 낙이며 삶의 의미이기도 하다.

충성! 빨간 모자에 경례를 붙이며 들어오시는 해병대 출신의 아버님은 아직도 군기가 남아 있고, 하루도 결석하시는 법이 없다. 워커에 의존하여 어머님과 함께 늘 일찍 등장하시는 부부님은 티격태격 다투시기도 하지만 서로 챙기시고 떨어지는 법이 없다.

연세가 들어가시다 보니 알츠하이머를 약하게 혹은 심하게 겪고 계신 분들도 계시고, 옆에서 서로 챙겨 주며 하루하루 정이 들어가는 이곳은 실로 정부로부터 천혜의 혜택을 받고 있는 노인들의 천국이라는 말에 손색이 없다.

멀리에서 지인끼리 팀을 이루어 한 시간 이상을 차로 달려 한 테이블, 두 테이블 가득히 좌정하시고 나면 훈훈한 농담과 웃음꽃이 피어난다. 오시자마자 신문부터 챙겨 정독하시는 분, 숨은그림 찾기, 낱말 게임, 스도쿠⋯. 면학 분위기로 바로 들어가시는 분들은 필경

내가 걸은 오솔길

소싯적에 공부를 즐겨 하신 분들로 짐작된다. 매일 메뉴가 바뀌어 제공되는 죽, 바나나, 과일, 요구르트, 구운 빵에 차 한 잔으로 서로 담소를 나누신다.

아침 식사가 끝나면 하루의 건강을 위해 다 함께 국민 체조로 몸을 풀고 각자 교실로 들어가 원하는 수업을 받으신다. 언제나 만면에 웃음을 띠고 댄스를 즐기시는 에너자이저 어머니가 나타나면 마치 여고 교실 분위기처럼 아무개야! 방가방가! 화기애애한 무드가 조성된다.

조용한 음악에 맞추어 대만 사부님과 함께하는 타이치는 몸과 마음을 편하게 풀어 주는 어르신들께 인기 최고의 운동, 당구대에서 큐대와 공과의 스릴을 연구하시느라 몰두하시는 아버님들, 발마사지, 반신마사지, 전신 마사지기에 몸을 맡기고 편안히 휴식하시는 분, 컴퓨터실에서 휴대폰과 함께 신문명의 편리함을 하나씩 배우시느라 열심이신 분들, 미국 생활에 소통을 위해 열강하시는 영어 선생님에 초롱초롱한 눈빛으로 귀를 기울이신다.

손가락에 파스텔 가루 혹은 아크릴 물감이 흠뻑 묻어도 한 점의 그림을 위해 예술혼을 불태우시는 자칭 화백님들의 미술 시간, 정갈한 화선지에 붓을 들어 한글, 한자 서예 사군자를 그리며 정신 수양을 하는 서예실, 넓은 강당에서 요가, 한국 무용, 라인댄스, 장구, 탁구 활동을 통해 활력을 얻고, 음악실에선 어릴 적 그토록 하고 싶었던 건반악기를 익히시느라 시간 가는 줄 모르고 연습에 몰두하시는 어머님들, 기타를 가슴에 품어 안고 선율을 익히시느라 애쓰시다 보면 시간은 어느새 흘러가고, 신나게 드럼 치며 리듬을 타시는 아버님의 모습에서 젊은 날의 패기와 열정을 엿볼 수 있다.

매주 금요일 아침엔 원하는 사람이면 모두가 함께하는 가곡 시간, 피아노 반주에 맞추어 한국의 정서가 물씬 담긴 가곡, 동요, 민요, 건전 가요를 부르면서 어릴 적 추억을 회상하여 나누기도 하고, 집중력, 인지력을 증가시켜 치매나 우울증을 예방할 수 있는 노래를 애창하시는 분들이 늘어 가고 있다. 어느새 맛있는 음식 냄새가 솔솔 피어나는 점심시간이 되면 수업하시던 분들, 밖에 볼일 보러 가셨던 분들이 모두 들어오셔서 자리를 채우신다.

매일 메뉴를 달리하여 제공되는 정성스러운 식사를 맛있게 하고, 하루의 꽃인 빙고 시간이 돌아오면 모두가 집중! 번호 하나하나를 맞추어 가시는 것이 마치 시험에서 정답을 찾아내는 양 몰두하시고, 당첨되셨을 땐 "빙고!"를 외치며 나오셔서 상품을 골라 가시는 즐거움은 누구도 이의 없는 공평한 게임이기 때문일 것이다. 사시는 곳이 멀든 가깝든 편안히 모실 수 있도록 준비된 차량으로 즐거웠던 하루의 배웅 인사를 끝내고 나면 데이케어에 고요가 찾아온다.

나는 어언 12년째 데이케어에서 일하고 있다. 몰입해서 일할 때 즐거웠고, 그것이 나의 건강을 지켜 준 원동력이기도 했다. 귀하게 받은 나의 소명이 아름답게 마무리되었으면 한다.

2025년 1월 16일 목요일
허창희, 성인 데이케어 원장

중요한 것과 중요해 보이는 것

"금이 아름답다는 것을 알면 별이 아름답다는 것을 잊어버린다." 라는 독일 속담은 무시로 나를 일깨우는 말이다.

눈 뜨면 펼쳐지는 무한대의 소유 그것은 '자연'이다. 소유하지 않아도 소유할 수 있는 대자연은 살아 있는 날까지 나와 함께 머물 것이다. 참 고마운 하늘, 바람, 구름, 꽃 그리고 나무들….

항상 즐겁게 생활하고 있는 일본의 최고령 할머니께 기자가 인터뷰를 간 일이 있었다. "당신의 건강과 장수 비결은 무엇입니까?"라는 질문에 이렇게 답하셨다. "나는 내가 살아온 날들의 기억 속에서 즐겁고 좋은 추억들만 꺼내 보며 살지요."

이별

회자정리, 좋은 만남도, 좋은 이별도 아름다운 것이다. 지금도 눈을 감으면 소중한 인연들의 얼굴과 목소리, 걸음걸이, 웃는 모습, 앉은 자리까지도 다 기억이 난다. 가슴에 한 분 한 분을 다 품어안고 데이케어를 떠나던 날 나는 목이 메었지만, 작별 인사로 자작시 「노인」을 낭송하는 것으로 대신했다. 따뜻하게 포옹해 주시는 회원님들의 정을 마음에 새기며, 부족한 내게 이렇게 귀한 소명을 맡겨 주셨던 사장님께 감사드린다. 한 가족처럼 정답게 지냈던 직원들 모두에게 감사하고, 데이케어의 모든 분께 하나님의 가없으신 은총이 함께하시기를 진심으로 빈다.

내가 걸은 오솔길

6장

시 모음

겨울에게

어디 가?

봄 데리러.

밥태기 나무

안 그래도 머리가 무거울
함박 같은 꽃을 이고
잎도 없는 가슴에
툭 툭
진분홍 밥을 퍼낸다

저렇게 많은 것이 밥이었으면
할머니의 할머니가
보릿고개에서
자식들 고봉밥 먹이고파 지었다는
구수한 이름

다정이 밥보다 고픈 보릿고개

툭 툭
가슴으로 옆구리로
튼살 사이로
꽃 밥풀 내어 미는

배곯지 마라
정 고프지 마라

해 지는 나무 아래

사발 가득

허기를 채우고도 남는 봄날이어라

내가 걸은 오솔길

파란 화병

먼 길 가실 거라
건네주신
몽마르뜨에서 사 오셨다는
올봄에 튤립을 담았던
물결모양 지문으로 일렁이는
비운 자의 미소처럼
가냘프게 서 있는 유리 화병

가지고 갈 것은
모으는 게 아니라
주는 것이라

비움을 건네며 채움을 선물하시던
한 송이 붓꽃처럼 가신
그를 생각합니다

비우고 채움의 계절을 강물 따라 흐르다
맑게 비워 누군가에 건네야 할
폴 세잔의 정물처럼 숙연한
세바스찬 님의
파란 화병

자연과 문명의 거리

할아비지는 기역 지를 몰라
낫 놓고 기역 자를 모른다 하고

손자는 낫을 몰라
낫 놓고 기역 자를 모른다 한다

할아버지는 낫을 들고 벼를 베어 볏가리를 쌓고
손자는 안경 너머 최첨단의 로봇을 만든다

점점 멀어져 가는 두 사람의 거리

할아버지는 로봇을 몰라
상상할 수 없고

손자는 볏단을 몰라
그리워할 수 없을 때

이렇게 가는 것이 맞나?

오해

뜻하지 않은 눈물 하나 바람결에 떨어져
꽃술에 얹힌다
돌부리 오르막에서
길은 꼬옥 나의 손을 잡는다

고요 속에는 말하지 마라
외로운 언어는
땅에 묻혀
뜻하지 않은 날 꽃으로 피어날지도 모른다

산새의 언어를
바람의 언어를
꽃과 이슬의 언어를
너의 침묵 속에서 읽으라

노인

나는 노인입니다
사람들은 나를 노인이라 부릅니다

내 얼굴엔 어느새 깊은 주름이 가득하고
내 머리는 백발로 변해 있고
나는 젊은이처럼 씩씩하게 걷지도 못합니다

사람들은 지는 꽃잎을 보며 이렇게 말합니다
청춘은 흘러간다
인생은 허무하다고

하지만 나는 가지고 있습니다
젊은이가 갖지 못한 소중한 것을

내 안엔 열일곱 살 소녀가 있고
내 안엔 눈부시게 아름다운 신부가 있습니다
내 안엔 아기에게 젖을 먹이는 젊은 엄마가 있고
억척스레 살아온 중년의 아낙이 있습니다

내 안엔 푸른 기상과 늠름한 장부가 있고
사랑하는 가족을 이끌어 온 인고의 세월이 있습니다
때론 즐거웠고

때론 힘겨우면서

남이 아닌 나만의 인생을 살았습니다

정녕 젊음은 흘러가 버린 것이 아닙니다

내 마음속 깊이 간직되어 있을 뿐입니다

나는 젊은 날의 추억을 무수히 간직한

아름다운 노인입니다

2014년 4월 벚꽃 지던 날에

브롱크스 보태니컬 가든(Bronx Botanical Garden)에서

The Old one

I'm a senior
People call me the old man

Before I knew it deep wrinkles on my face
Hair gone gray
Gone the gallant step of youth

People say that
Youth flows out
That life means nothing more
Than watching falling blossoms

But youth flows in
Enriched by age

The seventeen-year-old girl is in my heart
There is a spectacularly beautiful bride in my mind
There is a young mother breast-feeding a baby
Inside my heart
Hardship too in my middle-aged heart

A man is also in my mind
A young man of ambition and spirit
I have lived and sometimes suffered
For the love of family

내가 걸은 오솔길

Joyful and difficult I have lived
My own life, not someone else's

Certainly
Youth is not gone out
Only kept deep in the heart
To cherish countless memories of youth
And tomorrow

I am the old one
Beautiful

Translation
Jacobs Fred. Oct.4, 2015

수제비 향수

밀가루 반죽은 매우 쳐서 찰지게

방금 딴 조선호박

어제 캐온 감자

양은솥 멸치 한 줌 우물물 길어 붓고

청솔가지 불 때어

수제비 떼 넣으며

앞마당 멍석 깔고

금분네 향자네

수구레집 아저씨도 오시라 해라

두레상 내다 펴고

솥째 들고나온 어머니 수제비

어른은 상위에

애들은 멍석에서

호호 불며 먹던 호박 수제비

모닥불 연기에 눈 매워도

모기 쫓으며

땀 흘려 먹던

감자 수제비 맛 그립습니다

이렇게 더운 여름 저녁엔

내가 걸은 오솔길

옹이

작설차 한 잔 고이 받쳐 든 식탁 위엔
어머니 눈을 닮은
무늬가 있다

군살 피 흘리며 어린 가지 밀어 올린
기꺼운 고통
산고는 화석이 되어
옹이로 맺혔다

불면의 가슴 위
선명히 새겨진 따뜻한 이름

맑은 차향에 그리움 하나
눈물 하나 실어
하늘에 띄우는
초록의 오후

두레박

뒤뚱뒤뚱
눈물 흘리며 올라가는 내 이름을 아시나요?

삐거덕 삐거덕
줄을 잡고 올라가는 내 이름을 아시나요?

나의 짐은,
밥을 짓고
열무를 키우고
빈 그릇의 갈증을 채워줄
낯선 나그네의 기다림입니다

청량한 아침 길으러
춤추며 내려가는

기쁨 흘리며
사랑을 담고 올라오는

내 이름은 두레박이랍니다

찔레꽃

구름의 숨결 따라
피워내며 흘러간다

두려움 외로움 가시에 묻어
남김없이 피어라
가장 희게
희다 못해 연분홍으로

손 흔들며 떠나는
수많은 이별이 봄날을 데려가면
꽃 진 자리

달려라
초록을 달고
만산(滿山)의 희망이 되어

성숙한 가을에
가장 선연한 색깔로
산까치의 노래로

내가 걸은 오솔길

펄펄 내리는 겨울이

세상을 덮어도

홀로 일어서는

빨간 사랑의 열매

옷걸이

청명한 날엔 단정히
우울한 날엔 밝게
오늘은 비가 오니 간편하게
아침마다 한 벌을 건네는
친절한 물음표

너의 선물로 나를 입고
산길을 간다
산은 언제나 청량하다

들꽃 향기 묻어오는
다리 펴는 저녁
하얀 네 어깨에 일기를 쓸 때
토닥이며 지나가는 노을

나를 벗어
또 하루가 옷장 속에 저문다

어제로 멀어져 가는
단 한 벌의 오늘

달빛 과수원

은하가 흐르던 밤이었다
어머니는 호롱불 밑에서 양말을 깁고
배꽃은 싸락눈처럼
손잡은 언니와 나의 그림자 위에 내리고
검둥이는 멋모르고 따라나선 길

보름달 한없이 밝아
연못 위에 맴맴 도는 작은 생명을
언니는 소금쟁이라 가르쳐 주었다

바람 시린데
걷고 또 걸어
한밤이 대낮처럼 환했던 과수원길

그때는 몰랐다
어머니는 사랑을 짓고 계셨던 것을
달 아래 흰 배꽃이 그리 아름다운 줄을
나를 잡고 가는 언니의 손이 그렇게 따뜻한 줄을

나는 몰랐다
검둥이가 우리를 그렇게 좋아한 줄을

코스모스 교정

그때 그 동산엔
아침마다
순수의 물결
하얗게 밀려들고

맑게 세수한
이상향의 염원들
언덕에서 손짓하고 있었지

구르는 낙엽에도 또르르 웃던
세상모르는
오색의 꿈들

고추잠자리 맴도는 가을
바람이 손 잡아 왈츠를 추던
우리들의 옛날을 기억합니다

꽃이 소녀인지
소녀가 꽃인지
하늘도 파랗던
그때 그 동산

내가 걸은 오솔길

피아노

미주알고주알
밝은 일 어두운 일
오늘도 너에게 세상 이야기한다

너의 소리는 속삭인다
하늘거린다
지저귄다
흘러간다
윙윙
내 푸념 다 들어주는
너는 또 하나의 대지(大地)

내 마음 외로운 날에
봄비를 초대하면 연못이 되고
천둥번개로 명곡을 짓는 기꺼운 인고(忍苦)

부딪혀야 소리 나는
푸르게 멍든 가슴
끝끝내 함묵(含默)하여
하얀 이 웃으며 반기는
지순한 사랑

등나무

적막한 안개 속
홀로 가는 이
지팡이 벗 삼아 먼 길 가네

바람 따라
해 지고 달 지나
돌아도 제자리인양

묵묵히
앞으로만
가고 있음이여

천수(千手) 기도의 마음
얽히고설키어
굽어 절하며
무릎에 돌을 지었네라

풍경(風磬) 은은한
여명의 햇살
돌아보니

그늘 밑에 핀 꽃
등불은 더욱 찬란하더이다

그림자 같은 친구 하나 있네

산이 아니어도
메아리로 답하는

멀리서도
찻잔 마주하는

가을 연못가에
쪼그려 앉아

물에 비친 세상
함께 바라보는

나에게 그림자 같은 친구 하나 있네

이구아수 폭포에게

물방울 하나인 네가
세상 물들을 다 모으고 싶었지만
모을 수 있는 만큼 다 모았지만

물의 운명은 낙하(落下)이려니
낮은 곳 향하여
포효(咆哮)도 잠재우고
조용히 조용히
강으로 흘러
여름 벼 살찌우는
선량한
물이 될 것을

낙수(落水)는
무지개처럼 아름다워라

이슬

아미를 숙이고
오직 한 방울 진주를 빚어내어
고이 드림이여

아침 장미는 당신으로 인해 황후가 되고
거미줄은 영롱한 궁전이 된다
그 고요 속에 담긴 순결

찰나 일지라도
영원을 짓는 정성
슬픔도 외로움도 말갛게 헹군
당신의 용모 안에서

순간이 오면
하늘빛으로 떨어지는
초원의 별이여

운명에 대하여

금수저
은수저
흙수저가 있다면

연꽃은 진흙수저

도야지에게 진주를 주지 마라

여고 2학년 때이다
한 작은 아저씨가
초록색 새마을 모자 쓰고 흙이 가득한 리어카 끌고
재빠르게 느티나무 쪽에서 신축 교정으로
왔다 갔다 하신다
새로 오신 경비 아저씨인가 보다
뙤약볕이 줄 땀 흐르게 하는 아침 조회 시간
한두 명씩 양호실로 가는
교장 선생님 훈화 시간
아까 그 새마을 모자 아저씨가 단상에 올라섰다
신임 교장 선생님
"여러분, 도야지에게 진주를 주지 마십시오."
단상을 내려가신다
윤리 시간, 교재도 없이
가루 백묵으로 수려한 한자 쓰시며
고사 성어로 풀어내는 옛날이야기
그렇게 재미있는 수업은 처음이었네
기말고사 시험지엔 사지선다형 문제들
학교 갔다 오는 길에 이웃집 아주머니를 만났다 어떻게 해야 할까

1. 아무 생각 없이 그냥 간다

2. 못 본체 그냥 간다

3. 바빠서 그냥 간다

4. 인사를 한다

25문제가 다 이런 식

채점 결과는 학급 평균 99점

지금도 그리운

작고, 못생기고

크고, 아름다운

정광욱 교장 선생님

"도야지에게 진주를 주지 마라"

내가 걸은 오솔길

어머니 산소 가는 길

인천 백석동 하늘의 묘원 가는 길
코스모스 꽃길 따라
가파른 언덕
가을이 낳고 간 알밤을 주우며 갑니다

연약한 속살
겹겹이 동여매어
눈 감고 피 흘리며
뛰어내린
노을빛 모성이여!

산소까지 따라온 가시 하나
발끝에서 눈 뜨고
쑥부쟁이 맨발로 마중 나와
나의 눈물
들꽃으로 피워내는
지극한 정성

바람 부는 날
바늘 꽃 송이송이 익어
코스모스 꽃잎 가을 미소로 물들면
옷매무새 단정히 여미고

당신께 오는 길을
잃지 않겠습니다

내가 걸은 오솔길

사랑과 미움

원래는 한 몸입니다

사랑은 틀렸다 말하지 않고
다르다고 말합니다

미움은 꽃들을 보고도
비교합니다

사랑과 미움은 내가 가르는
허상의 잣대입니다

아카시아의 비밀

5월이면 등을 내 달았다
흰 발가락
살얼음 깨어
시리도록 물 끓이고
가는 정맥들은 꼭대기로 수증기 이어 날랐다
가지마다 신열로 심지를 빚던
쓰디쓴 달콤함

4월의 축제
선홍빛 음악으로 바래어 갈 때
푸른 적막 깨어
하늘 끝부터 달기 시작한
수천의 등불

보름은 달빛 뿌리고
꿀벌이 윙윙
수군거렸다

불 밝혀
향내 산을 넘었을 때
벌과 나비들은
낯선 이가 보낸 초대장을 소리 내어 읽었다

애벌레의 꿈

사각사각 수를 놓고 있다
연한 잎새마다
오려내는 별 모양, 달 모양, 구름 모양

이브를 닮은 알몸
웅크렸다 다시 펴는 고단한 노동
천둥번개가 다녀갔다

잎에 상처 낸 죄
그것으로 배불린 죄
고치에 꽁꽁 묶여
어둠에 갇혔다

자연은 무죄!
겨드랑이 돋아난
가벼운 날개 두 장
자유 티켓!

집으로

하얀 눈길로 가자
동트는 새벽
또복 또복 걸어서 가자

산 너머
들꽃 따라
멀리도 왔구나

봄도 같고 겨울도 같은데
봄 그립고 겨울 그리워

들국화 소나무도 같은데
국화 향 소나무 향 그리워

바람과 정들이다
이야기 하도 많아
날 저물었나 보다

하얀 눈길로 가자
눈 녹아 길 보이기 전에
또복 또복 걸어서 가자

내 마당 정히 쓸어

댓돌에 신발

가지런히 벗어놓고

뒷산 옹달샘

또아리 머리 위에 맑은 물 한 동이

나뭇가지 가랑잎 모아

차디찬 온돌 군불 지피면

만남의 눈물 흘릴 가마솥 온기

흰쌀밥 누룽지 눌리고

창호지 들창가엔

초승달도 내걸으리

내가 걸은 오솔길

이별이 아니었음을

그것은 헤어짐이 아니라
멀어짐이라
멀수록 고요한 수평선
눈물을 먹고 크는 무지개

그것은 헤어짐이 아니라
높아짐이라
어두울수록 환한 달과
별빛 그리움들의 눈망울

작가 인터뷰

이 책을 집필하게 된 계기는 무엇인가요?

인생을 글로 써보겠다는 생각은 늘 품고 있었어요. 아름다운 경치를 보면 사진을 찍고 싶어지는 것처럼, 살아온 날들 중에서도 저에게 의미가 남달랐던 삶을 글로 포착하고 싶었어요. 그동안 틈틈이 써온 일기가 큰 도움이 되었어요.

어떻게 처음 미국 이민을 떠나셨는지, 그 당시에는 어떤 마음이셨는지 궁금합니다.

두 아들이 의료 계통의 공부를 마치고 미국에서 살아보기를 원했어요. 마침 저도 늘 반복되는 일상과 일에서 벗어나 새로운 도전을 갈망하고 있을 때였고요. 미국이란 나라에 대한 상식도 없이 무모하게 떠났던 기억이 나네요. 용감했죠.

어쩌다 낯선 땅에서 낯선 이를 돌보는 일을 하게 되셨나요?

워낙 배우는 걸 좋아하기도 하고, 이것저것 손끝에 익힌 잔재주들이 많다는 이야기를 듣곤 했는데요. 어느 날 한 동료가 해준 말이 번개처럼 꽂히더니 사라지질 않았어요. "선생님, 그 달란트를 땅에 묻어 놓고 쓰지 않으면 나중에 하느님한테 혼나요." 그 말을 듣고 '능력은 다른 사람들과 나누라고 주신 것이구나.' 하고 생각하게 됐죠. 일을 하면서도 늘 잊혀지지 않는 말이에요.

'성인 데이케어'라는 일이 가져온 가장 큰 변화는 무엇인가요?

저로서는 어머니가 안 계신 그리움을 데이케어 어머니들을 통해 참 많이 채울 수 있었어요. 연세 드신 아버님들로부터도 언뜻언뜻 제 아버님의 모습을 발견하곤 했고요. 아마 부모님이 곁에 안 계신 분들은 제 느낌을 이해하실 수 있을 거예요.

타인을 보살피며 오히려 위로받았던 순간도 있으셨나요?

사람은 누구나 하나의 역사를 가지고 있잖아요. 웃으면서 인사를 나누고, 살아온 삶의 고충과 외로움을 경청해 드릴 때마다 이분들의 삶이 곧 제 삶처럼 느껴졌어요. 그러면 한 번 더 등에 손을 얹어 드리거나 작게 사위어진 몸을 포용해 드리기도 했는데, 그게 저한테도 위로가 되었어요. "밥은 먹었냐? 추우니 따뜻하게 껴입고 다녀라. 차 조심해라." 같은 다정한 음성도 그랬고요.

버지니아의 숲속 마을부터 뉴욕의 커닝햄 파크까지, 자연과의 깊은 교감이 느껴지는 글이 많았는데요. 작가님께 자연은 어떤 의미인가요?

시골의 자연 속에서 태어나게 해 주신 부모님께 늘 감사하고 있어요. 배꽃이 만발한 과수원에서 숲속의 모든 것들을 친구 삼아 놀면서 자랐죠. 물질적으로는 훨씬 풍요로운 세상을 살고 있지만, 그때만한 행복은 없는 것 같아요. 자연은 그냥 다 좋아요. 언젠가 우리가 돌아갈 곳이라서 그런 걸지도 모르겠어요.

6부에는 별도로 시를 수록하셨어요. 작가님께 시를 쓴다는 것은 어떤 의미인가요?

시를 좋아해서 시집을 보기만 해도 설레던 시기가 있었어요. 고등학교 시절, 교과서에서 본 시 중에서도 지금까지 외우고 있는 게 꽤 돼요. 시를 읽다가 감동을 주는 시는 그냥 흘려보내기가 아까워요. 소리 내어 읽어 보기도 하고, 노트에 통째로 기록해 두고 한 번씩 꺼내 보기도 하죠. 시를 쓰게 된 건 그저 자연과 대화한 내용을 표현하고 싶어서였어요. 어려운 시는 쓸 줄 몰라요.

14년 만의 귀향을 앞두고 계신데요. 미국으로 처음 떠날 때와 지금의 마음은 어떻게 다른가요?

처음에는 아이들이 정착할 때까지만 살 계획이었어요. 한 10년 정도 예상했죠. 미국에서는 독서를 거의 못했어요. 바빠서 그랬다고는 하지만, 시간을 내려면 낼 수도 있었을 거예요. 책에게 미안하기도 하고 그립기도 했죠. 은퇴한 요즘엔 독서실에 종일 묻혀 살아요. 미국의 도서관에는 한국 책이 많지 않아서 귀하게 읽는데요. 한국에 가면 정말 포식을 할 것 같아요. 아이들도 이리저리 역경을 딛고 잘 뿌리내려 살고 있으니, 귀향하는 마음은 아주 홀가분해요.

힘들었던 순간, 작가님의 항상성을 지켜준 것은 무엇이었나요?

우선 이민 생활 동안 가족이 건강을 지킬 수 있었던 것에 감사해요. 물론 타국이니 언어의 장벽도 어려움이라고 할 수 있지만, 그건 어떻게든 다 해결할 수 있더라고요. 가장 어려웠던 건 역시 사람과의 소통이었어요. '누군가를 도와주고 치유하지는 못하더라도 상처를 주지는 말아야지.' 하고 늘 다짐하면서도 무의식중에 그런 일이 생기기도 하고, 서로의 인격을 존중하지 않는 데서 오

내가 걸은 오솔길

는 갈등들도 있었어요. 신뢰를 잃은 사람 사이엔 대화가 불가능하다는 걸 그때 배웠죠. 때로는 침묵이 나을 때가 있더라고요. 언어보다 '오해'가 사람들 사이의 장애물이죠. 필연적으로 존재하는 어둠과 같은 것이라고 생각해요. 그럼에도 어김없이 아침은 오고 태양이 뜨잖아요. 매일 새로운 아침을 맞이하는 일이 제 항상성을 지켜준 게 아닐까 싶어요.

앞으로 도전해 보고 싶은 새로운 목표나 꿈이 있으신가요?

미국에서 성인 데이케어를 하면서 느낀 점이 있어요. 미국은 생활은 검소하지만, 노약자에게 베푸는 복지 제도는 한국보다 훨씬 잘 마련되어 있어요. 어린이와 장애인, 노약자를 소중히 생각한다는 게 미국의 가장 큰 장점이죠. 한국도 약자들이 기죽지 않고, 즐겁게 늙어가는 사회가 되었으면 해요. 그런 부분에 조금이라도 도움이 될 수 있다면, 기여해 보고 싶다는 바람이 있어요.

또 하나는, 제가 생의 마지막까지 글을 쓰셨던 박경리 작가님을 참 좋아하고 존경하는데요. 언감생심 그런 작가가 될 수는 없겠지만, 문예 공부도 더 하고, 계속 글을 쓰면서 의미 있게 살다가고 싶어요.

타지에서 이방인으로 살아가는 분들에게 특별히 전하고 싶은 말이 있으시다면요.

타지에 와서 보면, 정말 다들 열심히 사세요. 타국에서 적응하는 게 쉬운 일이 아니지만, 언제나 자신의 정체성은 잃지 않고 살았으면 해요.

마지막으로 독자들에게 한 말씀 부탁드립니다.

미흡한 한 사람의 길을 함께 걷고 지켜봐 주셔서 감사해요. 제 글
이 누군가에게 작은 공감과 위로로 가닿았다면, 행복한 노후와
더 나은 사회를 만들기 위한 작은 벽돌 하나가 되었다면, 큰 보람
일 것 같아요.

작가 홈페이지

내가 걸은 오솔길

사라지지 않는 풍경을 따라 써내려간 에세이와 시

발행일 2025년 10월 1일

지은이 창희
펴낸이 마형민
기획 페스트북 편집부
편집 곽하늘 강채영 홍은혜
디자인 김안석 표진아
펴낸곳 주식회사 페스트북
홈페이지 festbook.co.kr
편집부 경기도 안양시 동안구 관악대로 488

© 창희 2025

ISBN 979-11-6929-902-2 03810
값 12,000원